Working with Deaf People
A Handbook for Healthcare Professionals

聴覚障害者、ろう・難聴者と関わる医療従事者のための手引

アンナ・ミドルトン 編
Anna Middleton

小林洋子／松藤みどり 訳

明石書店

Working with Deaf People: A Handbook for Healthcare Professionals
by Anna Middleton

Copyright © Cambridge University Press 2010

This translation is published by arrangement
with the Syndicate of the Press of the University of Cambridge

日本語版出版に寄せて

Working with Deaf People: A Handbook for Healthcare Professionals（原著名）の日本語版『聴覚障害者、ろう・難聴者と関わる医療従事者のための手引』が翻訳出版されるのは名誉なことであり、日本の聴覚障害者と関わる専門家にとってためになる機会を得られたことを大変光栄に思います。

聴覚障害者のための医療サービスは、互いに関連した多くのものがあり、たとえば新生児聴覚障害スクリーニング、聴覚障害遺伝に関する出生前診断、そして聴覚障害児への人工内耳装用があげられます。これらのサービスは、現在日本を含む世界中のあらゆるところで実施されています。

聴覚障害であることが、医療サービスを受けることへの障壁であってはなりません。聴覚障害者（聴者も同様です）はいかなる医療サービスをも受ける権利があり、対面するあらゆる人と明瞭なコミュニケーションがとれるべきです。医療従事者は提供する情報を患者一人一人のニーズに合わせて調整する責任があります。そして、聴覚障害者に対しては手話か口話で提供するべきであり、また文化的な配慮（聴覚障害者の立場になって）も行うべきです。これは簡単な仕事ではありませんが、献身と創造力さえあればやり遂げられるでしょう。聴覚障害者と関わる専門家は特別な存在であり、私はその人たちに対して大きな信頼を寄せています。

本書は、あらゆる医療従事者がいかなるところでも、聴覚障害者が直面する困難について理解できるように書かれたものです。また、

患者の気持ちに寄り添いながら書かれたものです。本書が日本の専門家に読んでもらえるようになったことを喜ばしく思っています。読者のためにいくらかでも役立つことがあれば幸いです。

アンナ・ミドルトン
博士（心理学）、修士（遺伝子カウンセリング）、認定遺伝カウンセラー
社会と倫理に関する研究会会長
ウェルカム・ゲノム・キャンパス
ケンブリッジ、英国
遺伝看護専門看護師／遺伝カウンセラー協会副会長

聴覚障害者、ろう・難聴者と関わる医療従事者のための手引——目次

日本語版出版に寄せて..3

用語解説..8

序　　文...10

同領域専門家による出版前書評...12

まえがき［アンナ・ミドルトン］.......................................15

第1章
聴覚障害、神経線維腫症Ⅱ型、盲聾の実態と図解
［アンナ・ミドルトン、ワンダ・ニアリー、シェシュティン・メラー］

  聴覚障害の概要...26
  専門用語...27
  「聴覚障害（deaf）」と「ろう（Deaf）」.....................29
  神経線維腫症Ⅱ型のある人に関する専門用語...................31
  盲聾者に関する専門用語.....................................32
  聴覚障害、神経線維腫症Ⅱ型、盲聾の有病率...................34
  聴覚障害についての記述.....................................35
  聴覚障害の原因...37
  神経線維腫症Ⅱ型...39
  盲　　聾...44

第2章
ろう・難聴の来談者に対応するときに考慮すべき一般的な論題
［アンナ・ミドルトン］

補聴器の確認...52
医療サービスへの不満..54
遺伝子サービスの利用..58
遺伝子カウンセリングについての知識と懸念....................59
軽率に庇護者的な態度をとる医療従事者........................62
コミュニケーション手段......................................66
ろう・難聴者にやさしい支援の計画............................79
診察の前に..80
医療現場におけるコミュニケーション手段の好み................82
ろう・難聴に関する認識を深めること..........................83
医療現場におけるコミュニケーション..........................87

第3章
ろう・難聴の来談者とかかわる専門家の課題
［アンナ・ミドルトン］

医学モデルか文化モデルか...................................100
ろう・難聴、優生学、遺伝学に対する歴史的背景...............106
どの医療相談に関しても考慮すべき実務的事柄.................110
医療文化とろう文化の違い...................................122
聴覚障害への不適切な関心...................................126
視覚的な補助...128
反復と復唱...129
聴力損失が及ぼす心理的な影響...............................131
診察の際に考慮すべき感情的な問題点.........................134
耳鳴り...137
診察後の課題...137

第4章
神経線維腫症Ⅱ型のある来談者とかかわる専門家の課題
［ワンダ・ニアリー］

 神経線維腫症Ⅱ型の概要.................140
 神経線維腫症協会.................142
 学際的な専門家が集まった
   神経線維腫症Ⅱ型診療所での受診.................142
 感情の問題.................147

第5章
盲聾の来談者とかかわる専門家の課題
［シェシュティン・メラー］

 視力損失の影響.................152
 盲聾の来談者とのコミュニケーションの問題.................155
 医療機関への提言.................157
 進行性能力損失への取り組み.................166
 盲聾者のための通訳者.................167
 アイデンティティと感情の問題.................170

役立つホームページ.................174
付属資料.................176
参考文献.................177
索　　引.................185

訳者あとがき.................193

訳者略歴.................196

用語解説

ABI（Auditory brainstem implant）	聴性脳幹インプラント。神経線維腫症Ⅱ型のある来談者への療法の一つ
A + E（Accident and Emergency）	病院内の事故・緊急部門
ASL（American Sign Language）	アメリカ手話
BDA（British Deaf Association）	英国ろう・難聴協会
BSL（British Sign Language）	イギリス手話
チャージ症候群	心臓疾患、発達障害のみならず盲聾の原因になる遺伝的症状
CRS（Congenital rubella syndrome）	先天性風疹症候群、盲聾の誘因となる
DDA（Disability Discrimination Act）	英国における障害者差別禁止法
聴覚障害（deaf）	障害のレベルにかかわらず聴覚に障害をもつ人全体の意味で用いられたり重度の聴覚障害者という意味で用いられたりする。 あるいは音声、または手話もしくはその両方を用いる聴覚障害者という意味で用いられる。（訳注：「ろう・難聴」と訳出することがある）
ろう（Deaf）	手話を第一言語として、または好んで使用する聴覚障害者
ろう社会（Deaf community）	ろう文化をもち、手話を第一言語として、または好んで使用する人たちで成り立つ集団のこと。聞こえないことに関して肯定的であり、自己確認や誇りをもつことが多い
ろう文化（Deaf culture）	「ろう社会」参照
ろう世界（Deaf world）	「ろう社会」参照
中途失聴者（Deafened）	生後聴力を失った人に対して使用される。重度聴覚障害を指すことが多い。中途失聴の人たちは聴者の世界に照準を合わせ、たいてい手話より発声を用いる
ENT（Ear, Nose and Throat）	耳、鼻、咽喉に関する病院、診療所。耳鼻咽喉科
上衣腫（Ependymoma）	神経線維腫症Ⅱ型に関連した脳腫瘍
神経膠腫（Glioma）	神経系腫瘍、または神経系内の非神経細胞に起因する腫瘍に使用される一般的用語。神経線維腫症Ⅱ型に起因していることが多い
GP（General Practitioner）	主治医、ホームドクター

難聴（Hard of hearing）	音声言語でコミュニケーションをとる軽度から中等度の聴力損失者。高齢で難聴になった人を指すこともある
聴者の世界（Hearing World）	社会の主流である聴者の社会。ろう社会と比較するときに使用される
髄膜腫（Meningioma）	脳、脊髄に起きる腫瘍。神経線維腫症Ⅱ型に起因することが多い
NF2（Neurofibromatosis Type 2）	神経線維腫症Ⅱ型。聴覚神経腫瘍により聴覚障害の起因となる遺伝病
NHS（National Health Service）	英国の国民健康保険制度
NRCPD（National Register of Communication Professional Working with Deaf）	聴覚障害者、盲聾者のために働く専門家の国立コミュニケーション登録所。イングランド、ウェールズ、北アイルランドの通訳者が登録されるべき団体
NSL（National Sign Language）	その国の手話（例：イギリス手話）。音声言語とは異なる文法や文の構造をもつ
RNID（Royal National Institute for Deaf）	王立ろう・難聴研究所。英国慈善団体
RP（Retinitis pigmentosa）	網膜色素変性。アッシャー症候群と関連のある視覚障害
Schwannoma	神経性良性腫瘍。神経線維腫症Ⅱ型をもつ人によく見られる
SSE（Sign Supported English）	手指英語
SSSL（Sign Supported Spoken Language）	手指音声言語
Vestibular	前庭神経鞘腫。内耳から脳へ釣り合いと運動についての情報伝達をする脳神経内に生じる良性腫瘍
WFD（World Federation of the Deaf）	世界ろう連盟

用語解説

序　文

　この本の出版は、欧州連合（European Union）の「GENEDEAF」という聴覚障害の遺伝に関するプロジェクトの一環である「遺伝子疾患による聴覚障害の心理社会的な側面」についての研究活動から生まれたものです。この研究グループの主な目的は、分子レベルおよび臨床的な遺伝学という「自然科学」と、それらに興味を抱く専門家、NGO、一般大衆などとが接点をもつ機会を提供することでした。

　これらの研究活動の主要な成果は、著者自身とレズリー・ジョーンズによって編集された二つの書籍『遺伝子疾患による聴覚障害者への影響』および『遺伝子疾患による聴覚障害者の家族に対する影響』（Stephens and Jones 2005, 2006）に発表されています。一つ目の書籍は文献レビューで、遺伝子疾患による聴覚障害の心理社会学的な側面がいかに一般に知られていないかについて焦点を当てたものとなっています。二つ目の書籍にはその不足を補完しようとする多数の研究を掲載しました。それに加え、遺伝子研究の知見に関して話す際の、さまざまな民族の人たちのみならず、ろう社会のメンバーとのコミュニケーションのさらなる研究についても述べています。しかしながら、それはまたこれらの課題に必要とされたさらに大量の研究についても焦点を当てています。

　本書は、この分野ですでに公表されている情報と、聴覚障害者とかかわる人たちに関する事柄の一本化を試みています。また、医学とその関連分野における専門家の理解力を向上させることで、遺伝子疾患をもつ人たちの生活の質を向上させることを目的としています。

本書の 3 人の著者は、この分野の研究における中心的貢献者です。アンナ・ミドルトンは、難聴者からろう者に至るまでのそれぞれ異なるコミュニティの間に見られる遺伝子に関する理解、コミュニケーション、観点の解明について、特に大きな関心を抱いてきました。シェシュティン・メラーは、世界保健機関の「国際生活機能分類」のみならず、盲聾者にまつわる問題のさまざまな側面にかかわってきました。ワンダ・ニアリーは、多くの神経障害のみならず、完全に聴覚障害となる原因でもある遺伝子疾患、神経線維腫症 II 型について幅広く執筆してきました。

　本書では彼らが把握している知識の最も重要な要素を、遺伝子疾患を抱える聴覚障害者と、彼らが支援を求めるであろう専門家に理解してもらえるよう、わかりやすく要約しています。

　　　　　　　　　　　　　　　　　　　　ダフィド・スティーヴンズ教授
　　　　　　　　　　　　　　　　　　　　　カーディフ大学医学部聴覚医学
　　　　　　　　　　　　　　　　　　　　　　　　　　　　　　名誉教授
　　　　　　　　　　　　　　　　　　　　　　　　　　　　　　　　英国

同領域専門家による出版前書評

「すべての医療従事者に現職研修として、ぜひとも読んでいただきたい価値のある本です。驚くほど読みやすく書かれており、聴覚障害や盲聾であるということはどういうことかを見抜いています。私は17年間聴覚障害者とかかわってきましたが、保健・医療従事者を対象とした、聴覚障害者、ろう者、盲聾者とかかわるにあたっての実用的で実践的な助言を提供する本を手にするのはこの本が初めてです」

スティーブ・パウエル
サインヘルス（手話と健康）最高責任者、英国

「本書は、幅広く複合的な分野における優れた情報をわかりやすく明瞭に提供しており、どのような背景をもつ読者にも役立ちます。とりわけ聴覚障害者とかかわる専門家にとっては、彼らの来談者や患者とうまくかかわれることを確実にし、仕事に対する効率を高めるのに役立つでしょう。また、聴覚障害をもつ人自身にとっても、自分たちが遭遇する専門家の全体像を理解する一助になるでしょう」

ロレーヌ・ゲイリー医師
聴覚障害支援団体リンク最高責任者、英国

「すべての医療従事者の必読書です。医療提供において、手当や治療の選択に来談者自身の責任が増加するに伴い、医療機関に勤め

る専門家は医療に関する専門知識だけでなく、コミュニケーション力、情報提供力も必要とされます。聴覚障害の来談者に対しては、並みの医療従事者には求められない能力が必要になります。この本は、広範囲にわたる聴覚障害の来談者をいかに理解し、いかにコミュニケーションをとれば良いか、という迷路をくぐりぬける道へと案内します。

　この本は、使用したことのない独特のコミュニケーション方法をもつ来談者と初めて接する専門家にとって読む価値があります。また、コミュニケーション方法の異なる外国出身の患者に接する際にも役立つヒントを与えてくれます」

ポール・レッドファーン
「障害者と多様性」顧問、英国

「耳が聞こえて目が見える者が大多数の社会において、聴能が専門でもない限り、多くの医療従事者は、聴覚障害者や盲聾者とコミュニケーションをする際の最も良い手段に不慣れでありがちです。この本は、診察の場面で達成できる実践的な改善についての手軽なエッセンスです。それらの多くは医療従事者が自分の視点について自覚を深めることにより成し遂げられます。編者のアンナ・ミドルトンは、遺伝子カウンセラーとしての専門的な経歴がありますので、臨床遺伝学が多くのろう・難聴者をいかに慎重に取り扱うべき医学領域であるかを、臨床的視点と研究的視点の双方から十分に理解しています。それゆえ、この本は特に臨床遺伝学者ならびに遺伝子カウンセラーに役立つでしょう」

レイチェル・ベルク
セイント・メアリー病院、遺伝子カウンセラー、
マンチェスター、英国

「この本は、医療現場にて聴覚障害者、盲聾者とかかわる医療従事者にとって非常に役立つ手引書です。さまざまなタイプの聴覚障害者、聴覚障害者が好むさまざまなコミュニケーション手段、そして聴覚障害の観点から見た遺伝子と優生学の歴史的状況についての概説が節ごとにまとめられています。本書のさまざまな事例研究は聴覚障害者と会った経験が少ない人たちによく見られるコミュニケーションの落とし穴を強調しており、この分野への参入者にはぜひとも読んでいただきたい本です」

マリア・ビトナー－グリンジックス医師
ユニヴァーシティカレッジロンドン小児保健研究所遺伝学准教授
およびグレートオルモンド通り病院（ロンドン、英国）

「本書は、すべての医療従事者に照準を合わせた、斬新な、他には見られない、そして非常に刺激を与える1冊です。研修中の医療従事者に貢献するだけでなく、私たちの多くが知らない世界への指標としても役立ちます。明瞭に構成されており、国際生活機能分類における多数の構成要素を含んだ包括的手法を取り入れています。23年間、盲聾、神経線維症Ⅱ型をもつ来談者たちを診てきましたが、いかにろう者や盲聾者とかかわれば良いか、基本知識が集結されている本に出会ったのはこの本が初めてであり、本書を心から推薦します」

クラエス・メラー教授
エーレブルー大学病院、聴能および医学的障害研究部部長、
スウェーデン

まえがき

アンナ・ミドルトン

本書を使用するにあたって

　この本は、聴覚障害のある来談者とかかわるあらゆる保健・医療従事者のための実践的な手引書です。来談者は、ろう、難聴、（病理的）聴覚障害、後天性聴覚障害、文化的ろう、盲聾、神経線維腫症Ⅱ型疾患をもつ聴覚障害を含みます。

> 　この研究は、手話を使用するろう・難聴者と音声を使用する難聴者の両方に関する一般的なコミュニケーションにおける課題について考察しています。特に、手話を使用する人たちが、医療サービスとかかわる際に直面する特有の困難についても特記しています。

　世界ろう連盟は、世界中に約7000万人の聴覚障害者がいると推定しています（世界ろう連盟 2009）。英国だけで900万人の聴覚障害者がおり、それは人口の7分の1に相当すると言われています（RNID 2008）。つまり、一般の人を定期的に診ている医療従事者は、日常的に何らかの程度の聴覚障害の来談者と面談していることになります。

　この本は、たとえば盲聾の来談者が緊急救命室に運ばれてきたときや、手話を使用するろう者が一般医師の手術を受けるときや、神経線維腫症Ⅱ型をもつ来談者が耳鼻咽喉科を受診するときなどに、

効果的な会話ができるようにする手段を医療従事者に提供する一般的な手引書です。診察の際に準備すべきこと、言語や文化に関してどんな問題を考慮すべきか、どのような文化的態度（ろう者の感覚に適した態度）が診察に影響する可能性があるかについての実践的な助言も含まれています。

> 聴覚障害や聴力損失に慣れていない医療従事者が、聴覚障害に関するさまざまなニーズをもつ人たちとうまくかかわることができるように、実践的な情報と「標準治療」の規範を提供することを目的としています。

　この本は、すでに著者たちにより他所で発表されている研究内容で構成されています（Middleton 2006, Neary, Stephens et al. 2006, Moeller 2008）。英国およびスウェーデンでの仕事に特化した参考資料を掲載していますが、どこの国の読者であっても、職場における推奨事項として応用してもらえることを望みます。

　英国カーディフ在住の編者による「聴覚障害と遺伝子：聴覚障害者が求めているものとは何か？」（Middleton, Emery et al. 2008）という表題の全英ワークショップが 2008 年 9 月に開催されました。このワークショップは、英国の聴覚障害者に遺伝子専門家、医療従事者、聴覚障害の分野にかかわる研究者たちとの接点をもってもらうために開催されたフォーラムです。そこでは、英国の聴覚障害者に対する医療サービス対策に関するさまざまな問題について議論が交わされました。この会議における成果の一つは、本書に記述されているように医療従事者に対する一連の推奨事項を確認したことでありました。

> 本書の内容は、特定の専門分野や領域に限定せず、すべての

> 医療従事者に重要性をもつものです。また、臨床遺伝学の分野で働く医療従事者にとって重要性をもつ専門的な情報を提供する基盤としても利用できます。

　遺伝子カウンセリングは今のところ、聴覚障害者にほとんど利用されていないサービスです。それゆえ、遺伝学者や遺伝子カウンセラーは、聴覚障害者の来談者といかに効果的にコミュニケーションをとれば良いのかを把握できていないのが現状です。優生学と聴覚障害を取り巻く独特な歴史がありますので、コミュニケーションの問題をとりあげることはとりわけ重要です。この情報は臨床遺伝学分野における医療従事者だけでなく、遺伝子カウンセラーに聴覚障害の来談者を紹介するかもしれない他の医療従事者にも重要性をもっています。

　本書は短い概要以外には、聴覚障害に関連する診断や、前兆的医療情報についての詳細には触れず、コミュニケーションに焦点を当てています。本書は単独の聴覚障害、神経線維腫症Ⅱ型の一部としての聴覚障害、盲聾の三つの医学領域のみに焦点を当てました。この三つに絞った理由は、それらが聴覚障害の現れるいくつかの明白な例として、また医療従事者がとるべきコミュニケーション・スタイルのいくつかの明白な例として参考になるからです。私たちが推奨するコミュニケーション手段の多くは、聴覚障害にまつわる他の症状をもつ来談者にも役立てることができると考えます。

　世界保健機関は、聴覚障害を分類するのに国際生活機能分類を採用してきました。そこで用いられている二つの用語をここに示します。

> - （病理的）聴覚障害（hearing impairment）とは、片耳または両耳の聴力が完全にまたは部分的にないことを指しています。

> そのレベルは軽度、中等度、高度、重度に分別できます。
> - 聴覚障害（deafness）は、片耳または両耳の聴力が全くないことを指しています。
>
> （世界保健機関 2001, 2006）

　しかしながら、本書では、言葉遣いをわかりやすくし、聴覚障害者当事者が自分たちの聴覚障害や（病理的）聴覚障害について話すときの言い方に合わせるために、「（病理的）聴覚障害（hearing impaired）」の代わりに「聴覚障害／ろう・難聴（deaf）」もしくは「ろう・難聴（deaf and hard of hearing）」という用語を全体にわたって使用します（訳注：deafにも「ろう・難聴」を当てた）。こういうやり方は、国際生活機能分類に照らし合わせれば「厳密には正確でない」ことを認識しています。しかしながら、とりわけ英国の聴覚障害者たちは（国際生活機能分類における定義を履行しようとする学者や医療従事者に対抗して）、たいてい「（病理的）聴覚障害」という用語の使用を避けるようにしています。

> 　私たちは「聴覚障害／ろう・難聴（deaf）」という用語を、聴覚障害者の聴力損失のレベル、聴覚障害であることへの認識、手話を使用するか音声言語を使用するかにかかわらず一般的な記述語として使用します。他所の文献では「ろう・難聴（deaf/hard of hearing）」「（病理的）聴覚障害（hearing impaired）」「聴覚障害／後天性聴覚障害／難聴（deaf/deafened/hoh）」「ろう／聴覚障害（D/deaf）」「聴力損失者（people with a hearing loss）」を一般的な用語として使用していますが、私たちの使う「聴覚障害（deaf）」は上記のすべてのグループを含んでいます。
>
> 　したがって、この本では「聴覚障害／ろう・難聴（deaf）」という用語は、自分自身をろう（Deaf）、難聴（hard of hearing）、後

> 天性聴覚障害（deafened）と言っている人、すべてを包括的に指します。
>
> 　しかしながら、音声言語を使用する者のみに限定して記述したいときは「難聴（hard of hearing）」という用語も使用します。
>
> 「難聴（hard of hearing）」という用語は、自分自身を「後天的に聴力を失った」とする人を含むための総称的な言い方としても使用されています。

　また、イギリス手話、アメリカ手話などのろう・難聴者がその国で使用している手話を指すために「その国の手話（National Sign Language）」という集合的な用語を用いています。これとは対照的に「手指音声言語（Signed Supported Spoken Language）」は、英国で言えば手指英語といった、音声言語を文字どおりに訳したものを指しています。さまざまな国々でこれらの用語に対応するその国独自のものがあることを認識しています。

反差別法

　聴覚障害者に対する差別を防止する法律がさまざまな国で制定されています。英国には障害者差別禁止法（1995年）があり、医療サービス、病院などで勤務している医療提供者を含むあらゆるサービス提供者からの差別を禁止しています（RNID 2004a）。この法令は、聴覚障害者が聴者と対等な扱いを受けられることを目指しています。このことはすべての医療現場において、ろう・難聴の来談者のためのコミュニケーションの問題に対応し、適切な医療環境を提供する法的責任があることを意味します。

　英国ろう・難聴研究所（The Royal National Institute for Deaf People）には「言葉より雄弁に（Louder than Words）」と呼ばれる憲章があり、

それぞれの団体に対して障害者差別禁止法における要件を満たすよう指導しています（www.rnid.irg.ukを参照）。この憲章は、団体に対して、まず施設の入口を見ることから始まり、受付、照明、座席、経営方針、職員募集のやり方に至るまで、聴覚障害者の利用をいかに改善するべきかについてさまざまな助言を提供しています。この憲章は聴覚障害の社会によって最善の実践的検査証であるとみなされ、団体が障害者差別禁止法に従うことを可能にしています。英国ろう・難聴協会（The British Deaf Association）、別名サインコミュニティは、手話に対する理解を促進することを目標とするイギリス手話憲章ももっています（www.bda.org.uk）。

医療現場における潜在的な差別の一例として、オペレーターを通して会話を可能にする電話リレーサービス（例、英国におけるテキストリレー）の受け方を認識していないことがあげられます。別の例として、診察の際に手話通訳の配置をせずに、聴覚障害のある来談者に医師の話を読話することを勧めることがあり、これは完全に法令に反するものです。最後に、聴導犬に付き添われている聴覚障害来談者が受診に来た際に、聴導犬を病院に入れることを拒否するという例があげられます。

英国では、団体およびサービス提供者は、聴覚障害の依頼人に遭遇したときに初めて対策を講じるのではなく、あらかじめ「聴覚障害者にやさしい」サービスを提供すべきであると、障害者差別禁止法（1995年）に記述されています。本書は、医療サービスの計画立案者が反差別法に抵触しないような手引を提供します。

聴者による聴覚障害者研究

　歴史を通じて、聴覚障害に関する膨大な研究は聴者によって成されてきました。多くの研究者、学者、医療専門家が「哀れな聴覚障害者」は「障害」を乗り越えるために、助けや支援を必要としているという先入観を抱いてきました。現今では、聴覚障害者自身が聴覚障害に関する研究を主導し、計画し、創設することは珍しいことではありません。また、研究知見の結果を発表したり構成したり普及したりする際にその研究がねらいとしている消費者団体を関与させることを、研究の資金提供者から一層求められるようになってきています。編者自身による聴覚障害研究においては、ろうまたは難聴で発話や手話を使用する医療専門家、学者、および一般人を含んださまざまな能力をもった研究チームを関与させてきました。

　私たちは、本書が記述している背景について十分に注意し、虚心坦懐な幅広い観点で取り組みました。私たちは、偶然にも全員聴者ですが、広範囲にわたり、聴覚障害、盲聾者の家族や個人と何年も共に活動してきています。私たちには、ろう・難聴、盲聾者の友達や同僚がいます。この研究が実際的な意味をもつよう、適切であるよう、そして最も大切なことは、不注意に庇護者ぶることがないよう、全力を尽くしてきました。

謝　辞

　実践の導入および本書の完成のためになされた研究に大きな影響を与えた人たち、そして文献について紹介したいと思います。1995年、ワシントンDCにあるギャローデット大学の遺伝子カウンセラー、ジェイミー・イスラエルは、聴覚障害者およびその家族にかかわる遺伝子カウンセラーのための手引書を世界で初めて発行し

ました（Israel 1995）。時代を過ぎてもなお、いまだにこの手引は新鮮で、いかにろうの来談者に最善のサービスを提供するかについての実践的な助言を含んだ周到な記述を提供しています。私たちはこの重要な本の上に、さらに良いものを作り上げることができたのであれば良いと思っています。また、ギャローデット大学のキャスリーン・アーノスにも謝意を表したいと思います。彼女は聴覚障害者のための遺伝子サービスがどのように構築されるべきかを初めて著した人の1人です（Arnos, Israel et al. 1991、1992）。

　カーディフ大学医学研究科のダフィド・スティーヴンズにも特別の謝意を表したいと思います。彼は、遺伝子と聴覚障害の心理社会学的な側面について研究するGENEDEAF欧州連合主題ネットワークプロジェクト（2001～2005年）のリーダーでした。ダフィドは、心理社会学的な問題と聴覚障害について興味を抱く医療従事者、研究者、学者を集める先見性と専門的知識をもっていました。彼は本書の執筆実現にむけて多大な影響を与えました。

　本書は、欧州委員会（European Commission）第5次計画の、生活の質と生活資源管理プログラムの支援を受けて出版されたものです。本書は欧州共同体（European Community）全体における意見を代表してはおらず、欧州共同体は本書に記載されているデータの使用には全く責任はありません。

　スティーブ・パウエル、レイチェル・ベルク、キャシー・ミドルトン、ダフィド・スティーヴンズ、ロレーヌ・ゲイリー、マリア・ビトナー–グリンジクズ、クラエス・メラー、ポール・レッドファーンに対しては、出版に先立って本書の内容について論評してくださったことに特別な御礼を申し上げたいと思います。

著者について

　著者たちは全員GENEDEAF欧州連合主題ネットワークプロジェクト（2001～2005）に所属しており、この団体での活動を通して本書出版の構想が生まれました。編者によって「聴覚障害者の遺伝子および遺伝子カウンセリングへの必要性に対する理解と認識」と題する保健省からの助成研究（2005～2009年）による医療サービス研究の一部として行われた研究は、本書の内容の方向性に大きな影響を与えました。聴覚障害のある来談者のための推奨案の多くは、保健省によるプロジェクトにより集積された研究証拠に基づいています。

　アンナ・ミドルトンは、カーディフ大学医学部にて遺伝子カウンセリング研究相談員、および認定遺伝カウンセラーとして勤務しています。1995年から遺伝子カウンセラーをしており、1999年には博士号を取得していますが、その研究の中で、遺伝性聴覚障害に関する出生前診断に対する、聴覚障害者の態度に関する情報を収集しました。彼女は、遺伝子に関するさまざまな課題に対する聴覚障害者の態度に関する情報について幅広く著述してきました。2005年から2009年の間、手話によるろう者へのインタビューを全英で実施し、遺伝子、遺伝子カウンセリング、医療サービスの利用、コミュニケーション問題などについて、文化的なろう者たち（Deaf people）の見解を収集してきました。この研究は、聴覚障害、後天性聴覚障害を対象に特別に作成された筆記による質問表を通して、医療サービス利用における態度の状況を収集し、確認しました。そして英国の国民健康保険制度の下で、リーズにあるセイント・ジェイムズ病院で遺伝子カウンセラーとして、そしてケンブリッジにあるアデンブルックス病院で特別癌遺伝カウンセラーとして、臨床的に働いてきました。2004年から2010年の間は英国における遺伝

子カウンセラー登録委員会の副委員長を務め、その任務として英国の遺伝子カウンセリング専門職における方針および指針について著述しました。また、ケンブリッジ大学、ホマートン校にて、遺伝子カウンセリングにおける準講師として勤めた経験があり、また、マンチェスターおよびカーディフにある二つの英国遺伝子カウンセリング修士コースで指導した経験ももっています。1999年からは『遺伝子カウンセリング』誌の英国代表編集委員もしています。

ワンダ・ニアリーは、ワーリントン地域支援ユニットで働く、コミュニティにおける小児科医コンサルタント（小児聴能学）です。彼女は、マンチェスターにあるセイント・メアリー病院耳鼻咽喉、頭部および頸部手術科および、マンチェスター王立診療所医療遺伝学科、カーディフにあるウェールズヒアリング研究所との共同研究にかかわってきました。彼女が1989年以降、特に関心をもっている研究は、神経線維腫症Ⅱ型です。

シェシュティン・メラーは、医療と社会福祉組織管理の修士号、障害研究における博士号を取得しています。彼女は、スウェーデン社会問題省とスウェーデン教育局を代表して、盲聾者への支援に関する公的調査を実施してきました。そして、北欧盲聾支援スタッフ養成センター、スウェーデン盲聾関連問題リソースセンター、およびスウェーデン希少疾病団体においてコンサルタントをしてきました。また、盲聾の学生、専門家、一般人、およびその近親者にノウハウを指導しています。彼女は、ソームランドにある研究開発の指導管理を担当し、エーレブルー大学病院内にある頭部および聴覚研究センターを含む、スウェーデン障害研究所とかかわっています。

第 1 章

聴覚障害、神経線維腫症Ⅱ型、盲聾の実態と図解

アンナ・ミドルトン、ワンダ・ニアリー、
シェシュティン・メラー

聴覚障害の概要

　聴覚障害の臨床的影響はさまざまです。それは人生のどの段階でも発生する可能性があり、日々の生活を基盤として機能する個人の能力に大きな影響を与えることになります。また、それが能力不全になるか、ならないかは千差万別です。

　会話による音声は、およそ60dB（デシベル）です。耳が25dB以上の音声を分析したり処理したりすることができないと、聞きとる能力は著しく限られると考えられます。

　下記は、プロッサーとマティーニ（2007）による著書からの抜粋です。

- 「軽度」聴覚障害者が聞きとれるのは、20dB〜40dBあたりからです。室内が騒々しかったり、話し相手が離れていたりする場合は、会話を理解するのが難しいときもあります。しかし、1対1における会話であれば、話し手の音声が極めて小声でない限り、聞きとることができます。ささやき声であれば目の前にいる人の声でも聞きとりにくい場合があります。
- 「中等度」聴覚障害者が聞きとれるのは、41dB〜70dBあたりからです。普通の会話のレベルの音声を理解することは難しいかもしれませんが、芝刈り機（約90dB）の音などの騒音は聞こえるかもしれません。
- 「高度」聴覚障害者が聞きとれるのは、71dB〜95dBあたりからです。人の声は近距離で叫ばなければ聞こえません。自動車のクラクション（110dB）は聞こえるかもしれません。軽度、中等度、高度難聴は、補聴器の装用から利得を受けることができます。
- 「重度」聴覚障害者が聞きとれるのは、95dB以上の音声、た

とえば銃声（140dB）です。重度難聴者は、大きな話し声も、背後の物音（環境音）も聞きとることはできません。コミュニケーション手段として、発話よりも手話を好みます。補聴器からはあまり利得を受けられないために、補聴器を装用しないことを選択する場合があります。

(訳注：日本聴覚医学会 難聴対策委員会 2014.7.1　難聴（聴覚障害）の程度分類は、軽度難聴：平均聴力レベル 25dB 以上 40dB 未満、中等度難聴：平均聴力レベル 40dB 以上 70dB 未満、高度難聴：平均聴力レベル 70dB 以上 90dB 未満、重度難聴：平均聴力レベル 90dB 以上)

専門用語

> 聴覚障害について記述するときの用語について、しばしば混乱が見られます。医療従事者、学者、ろう者および難聴当事者が、それに関する概念について記述するときに、異なった用語を使用しているのが大きな原因であると考えられます。

- 一般的に、臨床医学者、分子生物学の聴覚障害研究者は「deaf（聴覚障害）」という用語はあまり特定的でないという理由で「hearing impaired（(病理的) 聴覚障害)」という用語をよく使用します。国際生活機能分類では「hearing impaired（(病理的) 聴覚障害)」には、明確な医学的定義があります (Stephens and Danermark 2005)。
- しかしながら、最近では「hearing impaired（(病理的) 聴覚障害)」という用語には社会的な差別、偏見が含まれていると見られるようになりました。ろう・難聴者自身は、自分たちに欠陥や「障害」があると認識されることを好まないので、この用語の使用を避ける傾向があります。

第 1 章　聴覚障害、神経線維腫症Ⅱ型、盲聾の実態と図解

- 「the deaf（聴覚障害者）」という言い方も、わずかながら見下す雰囲気があることから、社会的な差別や偏見が含まれているとみなされます。代わりに「deaf people（聴覚障害者）」「people with deafness（聴覚障害のある人々）」という言い回しをするようになってきています。たとえば、英国の慈善団体は、以前は聴導犬を「Hearing Dogs for the Deaf」と言っていましたが、現在は「Hearing Dogs for Deaf People」という用語にしています。
- 最初に「person」に、そして次に「disability」に言及することは、社会的な差別や偏見が含まれないと、多くの障害者が提案しています。たとえば「Down's client（ダウン症の来談者）」ではなく「people with Down's Syndrome（ダウン症をもつ人々）」となります。こういった言葉遣いはろう・難聴者に限っては部分的にしか適用されておらず、「deaf people（聴覚障害者）」を使用することはまだ許容範囲にあります。これは、ろう・難聴者の場合は、聴覚障害（deafness）がアイデンティティと結びついていることが理由です。しかし、難聴者の場合「people with hearing loss（聴力損失者）」という用語を使用する方が、より注意を払っているとみなされるかもしれません。
- 軽度、中等度聴覚障害者は、自分自身のことを、難聴または聴力損失があると言う傾向があります。彼らは補聴器の装用から大きな利得があり、手話より発話を好む傾向があります。聴者と交流するときは、コミュニケーションの補助のために、読唇のみならず、残存聴力や、聴力の増幅を活用できることがよくあります。高齢により聴覚障害になった場合、自分は難聴であると言うことが多いです。
- 後天性聴覚障害者は、重度レベルの聴覚障害になる例が多く、

たいてい聴者として人生を始めています。彼らの聴覚障害は、進行性であったり、突発性であったりします。後天性聴覚障害者は手話を使用しないために、自分はろう社会よりも聴者世界に属していると感じています。補聴器からはほとんど利得がありませんが、人工内耳装用は効果を発揮できるかもしれません。聴者と交流するときは、主に読唇と読み書きに頼ってコミュニケーションするかもしれません。

「聴覚障害（deaf）」と「ろう（Deaf）」

以下の文章は、英国における「deaf（聴覚障害／ろう・難聴）」「hard of hearing（難聴）」「deafend（後天性聴覚障害）」「Deaf（ろう）」という用語の使い方のごく一般的な指針を記述しています。これらの概念は、流動的で変わりやすく、聴覚障害の当事者たちによって、世界中で翻訳できる普遍的に容認されている定義はありません。しかしながら、ここではそれらの用語の幅広い用い方をとらえるように努めました。

- 自分を「deaf（聴覚障害／ろう・難聴）」であると言う人々は、たいてい重度レベルの聴覚障害であり、障害は進行せず安定しています。

> 自分を「Deaf（ろう）」（大文字「D」で書かれる）と言う人々は、聴覚障害と関連した文化と独自性をもっており、コミュニケーション手段として、手話を好んで使用します（Padden and Humphries 2005）。

- 自分を「deaf（聴覚障害）」と言及している人々は、状況に応

じて発話と手話の両方を使い分けているかもしれません。あるいは、手話だけの使用を好む場合もあります。ろう世界／ろうコミュニティ／ろう文化（社会における少数派で、そこに属する人々は主として手話でコミュニケーションする）の中にいることを最も快適と感じているかもしれません。

- 自分を「hard of hearing（難聴）」と言及している人々の中には、重度聴覚障害ではないことをはっきり述べるためにそう言う人もいますが、ろうコミュニティともかかわりをもっていて、手話と発話によるコミュニケーションの両方を状況に応じて使い分けている人もいます。
- 逆に「hard of hearing（難聴）」「deafened（後天性聴覚障害）」と言う人々の中には、ろうコミュニティの一員ではないことを明らかにするためにそう言う人もいます。

> 自分のことを「hard of hearing（難聴）」「hearing impaired（（病理的）聴覚障害）」「deafened（後天性聴覚障害）」と言っている人々は、聴者の世界、もしくは難聴者の世界（似たような聴力損失をもつ人々で構成されている）、あるいはその両方に属していると自覚しています。この集団は、手話が流暢ではなく、発話に頼る傾向があります。

事例研究
ろうのアイデンティティの発達

　北アイルランド出身のジョーは、生まれつき重度の聴覚障害があり、彼の母と母方の祖父も同様でした。ジョーの聴覚障害のレベルは高度で、白色の前髪と左右で異なる色の目をもち、小児科医よりワーデンブルグ症候群であると診断されました。

ジョーは、地元の教育局により勧められて、聴児が通う学校に通っていましたが、5歳のときに統合教育（メインストリーミング）は自分に合わないことに気づきました。そこで、彼の両親は母が通っていたのと似たような、ろうの子どもを対象とした特別支援学校に通わせることにしました。そこで、彼はトータルコミュニケーションで教育を受け、発話を学ぶために言語療法を受けながら、手話も覚えていきました。

　10歳になるまでに、彼はろうの子どもたちと交わることで、聴者の子どもたちと一緒にいたときには感じることがなかった「自分が普通である」と感じられるようになり、発話より手話を使う方が精神的に落ち着くことに気づいていきました。彼の両親は地元のろうクラブのメンバーであり、家では手話で会話していました。

　ジョーは、成長するにつれて、学校と地元のろうクラブでの経験が、ろうのアイデンティティを発達させてくれたことに気づき、ろう者と交わったり、手話でコミュニケーションをとったりするとき、より落ち着いた気持ちになれることを理解していきました。学校を卒業した後、彼はろう者のための社会福祉士（ソーシャルワーカー、社会福祉士は国家資格）になるための訓練を受けました。

神経線維腫症Ⅱ型のある人に関する専門用語

- 神経線維腫症Ⅱ型のある人は、聴者の世界に生まれ、コミュニケーションをとるとき、音声言語を用いることが多いです。
- 通常、20代から30代の間に聴力を失い、自分自身を聴覚障害であると表現します。

- 大半は読唇を学び、音声と筆記によるコミュニケーションを使います。
- 中には、読唇の補助になる人工内耳を装用したり、聴性脳幹インプラントを装着したりする人もいます。
- ほんのわずかですが、中には、その国の手話でコミュニケーションすることを覚え、ろうコミュニティの一員であると思っている人もいます。

盲聾者に関する専門用語

- 盲聾者は異なる性質をもつ人の集団です。聴覚障害をもって生まれた人は、自分自身のことを「hearing impaired（（病理的）聴覚障害）」「deaf（聴覚障害）」と呼ぶ傾向があります。
- 視力が弱くなるに従い、自分自身を「deaf with visual impairment（視覚障害を伴う聴覚障害）」と呼ぶかもしれません。
- 第一言語として手話を習得している場合、彼らは自分自身を「Deaf（ろう）」と呼ぶかもしれません。
- 中には、盲聾者と呼ぶ人もいます。しかしながら、聴覚障害と視覚障害との結合が重大であることに気づいていない人が多いので、どちらか一つの感覚障害だけについて言及するかもしれません。
- 「visual impairment（視覚障害）」という表示において「impairment（障害）」という用語を使用することは、社会的な差別、偏見が含まれていません。単独の聴覚障害をもつ人の「hearing impairment（（病理的）聴覚障害）」に見られる烙印と同様のものはこの用語にはついていません。
- この本では、言葉遣いをわかりやすく、読みやすくするために、本書ではあらゆるレベルと感覚の聴力損失をもつ人々を

まとめて言及する際に「deafness（聴覚障害）」「deaf people（聴覚障害者）」という用語を使用しています。

deaf（聴覚障害）	・すべてのレベルの聴覚障害を表す一般的用語 ・重度で言語習得前の聴覚障害、もしくは神経線維腫症II型遺伝子をもつ聴覚障害を指す傾向がある ・音声もしくは手話、またはその両方を用いる
Deaf（ろう）	・文化的なろう ・好ましい言語として手話を使用する
hard of hearing（難聴）	・軽度から高度の聴力損失 ・進行性の可能性がある ・言語習得後に失聴した可能性がある ・高齢で発症したかもしれない ・音声言語使用者
deafened （後天性聴覚障害）	・人生の後半、もしくは言語習得後に聴力を失っている ・たいていは重度レベルの聴覚障害 ・音声言語使用者
hearing impaired （(病理的) 聴覚障害）	・医療従事者によく使用される用語 ・「impaired」という用語は社会的な差別、偏見を含んでいるとみなされることがある ・盲聾者に使用される ・音声言語使用者

聴覚障害は異なった受け止め方をされる可能性があります。

- 自分自身を難聴、もしくは後天性聴覚障害であるとみなしている人たちは、聴力損失は自分や身近な人にとって、精神的な苦痛を伴うものであると理解しています。またそれに順応するために、暮らしの中で実質的にも、感情的にも、多大なる調整をしなければなりません。
- 自分自身を文化的なろうとみなしている人たちは、聴覚障害（ろう・難聴）であることを誇りに思い、問題であるとは全くとらえていません（Ladd 1988, 2003）。むしろ、家族や社会的立場の中で、彼らは聴者であるよりもろう者である方が好ましいと感じるかもしれません。

> 手話を使用するろう者と音声言語を使用する難聴者は、聴覚障害に対して、全く逆の意見や観点をもっています。

　聴覚障害の家族歴を明確にもっている人は、聴覚障害者に対して非常に肯定的である可能性があります。いくつかの研究において、聴覚障害のレベルや失聴年齢にかかわらず、親族の中にろう者として良きモデルとなる人がいる場合、心理的に多大な恩恵があることがわかっています（Stephens 2007）。

聴覚障害、神経線維腫症Ⅱ型、盲聾の有病率

- 先進諸国において、聴覚障害は最も一般的な先天性障害です（Hilgert, Smith, et al. 2008）。
- およそ500人に1人が、40dB以上の聴覚障害を伴って生まれてきます（Morton and Nance 2006）。
- 聴力損失は、加齢とともに増加し、成人の16％が25dB以上の両側性難聴をもち（Davis 1989, Morton 1991）、80歳になるまでに、人口の半数が25dB以上の聴力損失をもつことになります（Morton 1991）。
- 神経線維腫症Ⅱ型の診断有病率は、21万人に1人であり、誕生時の有病率はおよそ4万人に1人と推測されています（Evans, Huson et al. 1992a）。来談者の中には、30代またはそれ以上の年齢になるまで症状を示さない例も多いですが、重い疾患を抱える人の中には30歳になる前に亡くなる人もいます。
- 神経線維腫症Ⅱ型のある人の大多数は、前庭神経鞘腫（第8脳神経の腫瘍）があるためもしくは前庭神経鞘腫の切除手術により、聴覚障害になります。

- 盲聾は、とりわけ若い世代では非常に希な存在です。言語習得前に盲聾となる子どもは1万人に1人です（Moeller 2007）。
- アッシャー症候群は、10万人に1人の割合です（Sadeghi 2005）。
- 視覚と聴覚を併合した障害は、加齢とともに増加し、特に70歳を過ぎてから、顕著に見られます。
- 視覚障害は、聴力損失をもつ人に最もよく見られる障害です。聴覚障害をもつ子どもの30％は、視覚障害も併せもつことが判明しています（Nikolopoulos, Lioumi et al. 2006）。

聴覚障害についての記述

聴覚障害について記述するとき、医療専門家はさまざまな異なるカテゴリーを使用しています。聴覚障害が発症した原因、形態、時期により、さまざまな方法で分類することができます。

聴覚障害の種類	感音性か伝音性か
聴覚障害になる時期	先天性か後天性か
	言語習得前か言語習得後か
	早発性か遅発性か
聴覚障害の進行過程	進行性か非進行性か
聴覚障害の原因	遺伝性か環境性か
聴覚障害の形態	症候性か非症候性か

それぞれについて以下に簡潔に説明します。

感音性か伝音性か

内耳の内部構造、すなわち聴神経が変化したり欠損したりしていて、たとえば蝸牛有毛細胞に影響を与えるような場合は感音性聴覚

障害であり、外耳もしくは中耳における構造が変化した場合は伝音性聴覚障害です。感音性と伝音性が混ざっていれば、混合性聴覚障害になります。

先天性か後天性か

先天性は、聴覚障害をもって生まれてきたことを意味し、後天性は、騒音や、労災、感染などの環境的要因により聴覚障害になることを指します。先天性聴覚障害は、たいていの場合、始めから感音性です。成人になってから発症する聴覚障害は「後天的感音性」聴覚障害と呼ばれることがあります。

言語習得前か言語習得後か

言語習得前は、言語能力発達前に聴覚障害があったことを意味します。この用語は、先天性とほとんど同じ意味で使用されることがあります。聴覚障害が言語能力発達後に起こった場合、これは言語習得後と表現されます。

早発性か遅発性か

早発性、遅発性は、聴覚障害になった時期に言及しており、すなわち、子どものときに発症したか大人になってから発症したかです。

進行性か非進行性か

進行性は時間の経過に従い、重症化していくのに対し、非進行性は時間の経過によって変わることなく一定であることを言います。

遺伝性か環境性か

重度先天性で早発性の聴覚障害をもつ新生児は、50％以上が遺伝子による聴覚障害であるのに対し、環境によるものは50％以下

であり、残りは原因不明と考えられています（Parving 1983, 1984, Newton 1985）。

症候性か非症候性か

遺伝性聴覚障害の3分の1は症候性であり、残りの3分の2は非症候性です（Reardon and Pembrey 1990）。症候性聴覚障害は、たとえば、盲、頭蓋顔面欠陥、色素異常などの他の臨床的特徴を含みます。最もよく見られるのが、ワーデンブルグ症候群、アッシャー症候群、ペンドレッド症候群、チャージ症候群、神経線維症Ⅱ型症候群、鰓弓耳腎症候群です。聴覚障害には、400以上の遺伝子症候群が関与しています（Toriello, Reardon et al. 2004）。

少なくとも20の異なる遺伝子症候群が、言語習得前盲聾と関連性をもち（Moeller 2007）、50以上の遺伝性症候群が、盲聾を引き起こすとして知られています（Moeller 2007）。

他の臨床的特徴が伴わずに単独で起こる遺伝性聴覚障害は、非症候性として知られています。変異を起こす非症候性聴覚障害遺伝子は、50以上特定されています。それゆえにこれらの遺伝子の遺伝子診断を提供することは、技術的には可能ですが、臨床的には検査はまだ利用できないかもしれません（Smith and Van Camp 2008）。

聴覚障害の原因

聴覚障害になる原因はさまざまであり、環境的、遺伝的要因を含んでいます。

- 先天性、言語習得前聴覚障害の半数以上が、遺伝的要因によるものです（Smith and Van Camp 2008）。
- 数百の遺伝子が聴覚障害に関与していることが知られていま

す（Smith and Van Camp 2008）。
- およそ 50％の非症候性言語習得前聴覚障害者は、遺伝子を基盤とすればコネキシン 26（GJB2）およびコネキシン 30（GJB6）の変異によるものです。およそ 50 人のうち 1 人がコネキシン 26 の変異をもっています（Estivill, Fortina et al. 1998, Kelley, Harris et al. 1998, Smith and Van Camp 2008）。
- 遅発性、もしくは高齢による聴覚障害は、環境的な要因によるとこれまで考えられてきましたが、より最近の研究では遺伝子基盤による可能性も考えられることが判明してきました。この遺伝子基盤はまだ調査の段階にあります（Smith and Van Camp 2008）。
- 先天性聴覚障害における最多の環境要因は、サイトメガロウイルス（感染細胞で封入体を作るウイルス）の感染によるものです（Smith and Van Camp 2008）。
- 自分を後天性と呼ぶ聴覚障害者は、さまざまな理由から聴覚障害になったと考えられます。たとえば、髄膜炎、頭部外傷、耳硬化症、ウイルス感染、聴覚に毒性のある薬物治療があげられます。

事 例 研 究

中等度聴力損失と発話の使用

　ジェインは、ウェールズの聴者の家族に生まれました。彼女の両親、祖父母、きょうだい全員が聴者でした。それゆえに、新生児聴覚スクリーニングプロジェクトにより、中等度聴覚障害であると診断されたとき、家族は大きな衝撃を受けました。
　ジェインは、先天性、両耳性、感音性の聴覚障害があり、補聴器を装用していました。ジェインの両親には、より広い聴者

の社会で育って欲しいという思いがあり、聴覚障害の子どもを指導する教師の指導や、家での言語訓練の支援を受けて、彼女は読唇と発話の使用を身につけました。

　ジェインの聴覚障害が遺伝性によるものかどうか確認するために、ジェインの両親は遺伝子カウンセリングを受けました。遺伝子検査の結果、ジェインはコネキシン26における二つの遺伝性変異をもっていると診断されましたが、これは両親の媒体から一つずつ来ているものでした。両親の双方にこれらの遺伝子変異があれば、4人に1人すなわち25％の聴覚障害の子どもが生まれる確率があることがわかっています。

　解説
　遺伝子GJB2、別名コネキシン26は、聴覚障害になる最も一般的な遺伝子です。これは、聴覚障害の子どもの両親が聴者であっても、遺伝子に変異をもっている家族に初めて聴覚障害の子どもが生まれるときの主な原因です。

神経線維腫症Ⅱ型

- 神経線維腫症Ⅱ型は、たいてい完全に聞こえなくなる症候群です。第8脳神経にある左右両側の前庭神経鞘腫（両側の聴神経の良性筋腫）の存在によって特徴づけられています。
- 髄膜腫、膠腫、脳室上衣細胞種、前庭神経鞘腫などの中枢神経系または末梢神経系の腫瘍は、神経線維腫症Ⅱ型と関連しています。
- 神経線維腫症Ⅱ型は、染色体22の欠損が原因の優性遺伝性の遺伝的状態です。

- 症例の50％には、神経線維腫症Ⅱ型の家族歴がありますが、他の50％は新しい遺伝子変化の結果、生じたものです。
- 早発性で、多重神経系の腫瘍および早死を伴う急進的な状態の形態もあります。
- 両側の第8脳神経腫瘍のみ罹患している人の場合、症状はゆっくりと進行し、70代まで聴力を保つこともあります。
- 神経線維腫症Ⅱ型は、より一般的に見られる遺伝的状態の神経線維腫症Ⅰ型とは異なる臨床的、遺伝的状態です。

神経線維腫症Ⅱ型症状を呈するということ

- 神経線維腫症Ⅱ型をもつ成人のほとんどは、一側性難聴、耳鳴り、平衡異常、めまいを呈しますが、これは両側性前庭神経鞘腫と関連しています。主として片方だけが聴力損失を呈していても、大体は診察によって両側性前庭神経鞘腫が見つかります。
- 症候が出てくる平均年齢は、20代から30代です。
- 神経線維腫症Ⅱ型における二つのタイプ、すなわち、ウィシャート、ガードナーが認識される可能性があります。
- ウィシャートのタイプは早い年齢で現れ、症状の進行は早く、中枢神経、末梢神経または多重神経系の腫瘍に加えて両側性前庭神経鞘腫といった合併症を起こします。
- ガードナーのタイプは、遅い年齢で発症し、両側性前庭神経鞘腫には、より良性の経過をたどる例が多く、他の神経系の腫瘍はありません。
- 10歳以下の子どもで神経線維腫症Ⅱ型と診断された人（比較的症例は少ない）は、単独の神経系の腫瘍症候がしばしば見られ、両側性前庭神経鞘腫を伴う症例よりも多いです（Evans,

Birch et al. 1999)。
- 神経線維腫症Ⅱ型の診断基準は、付録に掲載してあります。

診　断

- 磁気共鳴映像法（MRI）による頭部と脊椎のスキャンは、2〜3mmの小さな腫瘍を発見する可能性があり、至適基準と言えます。
- 神経線維腫症Ⅱ型の発症前における遺伝子診断は、分子遺伝学的技術により実施することができます。

事　例　研　究

神経線維腫症Ⅱ型における新しい診断法

　タリークは、17歳の青年です。彼は12ヶ月以上の間に、左耳の聞こえがだんだん悪くなり、現在では左耳で電話の話を聞きとることができなくなってしまいました。ここ3ヶ月間は、左耳の断続的な甲高い耳鳴りが続くことに悩まされました。聴覚障害の家族歴はありません。医者は、地域の耳鼻咽喉科を紹介し、そこで左耳に感音性聴力損失があると診断されました。磁気共鳴映像法（MRI）によるスキャンにより、両側性前庭神経鞘腫があり、右より左の方が大きいことが判明しました。タリークは、今後の治療のために、学際的専門家がいる神経線維腫症Ⅱ型の診療所を紹介されました。

　タリークは、診断結果にショックを受けました。神経線維腫症Ⅱ型をもつことによる、将来の仕事や人間関係や一般的な健康への影響について、学際的専門家チームに質問したい項目がたくさんありました。彼が抱える第8脳神経腫瘍における今後

の対策は、神経耳科医、神経外科医に委ねられました。遺伝学者はタリークが将来もつ子どもへの関連性について説明し、タリークは、神経線維腫症Ⅱ型への支援者を紹介されました。

解説

人生を大きく変える可能性のある病である神経線維腫症Ⅱ型の診断により、タリークおよびその家族に与える心理的な影響に対して、学際的専門家チームのメンバーは十分に配慮する必要があります。家族には神経線維腫症Ⅱ型の発症歴がなく、タリークが初めての例なので、この状況はとりわけ困難です。最後には完全に聴力を失うことが見込まれ、将来の就労計画が変わるということに呆然とするかもしれません。また、両親の不安や彼らが抱えるであろう罪悪感にも配慮すべきです。学際的チームのメンバーはできる限り、タリークが完全に聴力を失うという心理的な衝撃に対して心構えすることと、聴力を使わないコミュニケーションスキルを養う適切な訓練を始めることを確保してあげなければなりません。

神経線維腫症Ⅱ型に対する対処と治療

神経線維腫症Ⅱ型は、医学的処置、外科療法ばかりでなく、診断においても、臨床医学者にとって大きな課題となっています（Neary, Stephens et al. 2006）。来談者の家族は、遺伝子カウンセリングとともにスクリーニングを受けることが求められます。神経線維腫症Ⅱ型のあらゆる局面の管理に携わる学際的チーム、地域、全国センターの専門家の役割を強調しておきます（Evans, Baser et al. 2005）。

臨床医学者は、神経線維腫症Ⅱ型が最終的には完全に聴力を失うことにもなりかねないという知識をもった上で、その診断

> によって人生を大きく変えかねない心理的な衝撃に対して細心の注意を払わなければなりません。

　今までに経験のない家族の場合、その衝撃は一層顕著なものです。表面的には健康で軽度の聴覚障害である人が、最後にはすべての聴力を失う可能性に直面しているのです。この段階では罪悪感や怒りの感情をもつのが普通です。顔面神経や神経医学的な状況に影響を与える合併症を引き起こさずに、残存聴力を生かし、良質な人生を築いていくための治療戦略を考案すべきです。また、読唇やその他のコミュニケーション方法の練習もなるべく早く導入すべきです。

　第8脳神経は顔面神経と非常に近い位置にあるので、たとえ熟練した外科医によって前庭神経鞘腫が除去されたとしても、その過程で顔面神経の損傷を伴う可能性もあります。顔の両側が衰弱すると、食べたり、ほほ笑んだりなどがしにくくなるかもしれませんし、美容的な悩みをもつ来談者が多いので、手術による顔面神経の損傷を最小に留めることは非常に重要なことです。神経線維腫症Ⅱ型は、涙の生産の損傷や、まばたき反射の損傷により眼に影響を与えるかもしれません。

　対処における第一の目標は、命を脅かすような出来事を予知したり、それを回避する手順を踏んだりすることです。神経線維腫症Ⅱ型のある人は、神経軸の磁気共鳴映像法（MRI）を受けている間は、専門医チームによる観察を受けることを常態とすべきです。このようにして差し迫った合併症を特定し、手術の必要性を良い時期に示すべきです。

　両側の聴神経が損傷している神経線維腫症Ⅱ型のある来談者の聴力が完全にない場合は、通常、聴性脳幹インプラントが差し込まれます。聴性脳幹インプラントは、十分なレベルの聴力の向上には寄

与しませんが、読唇力の向上や、環境音の聞きとりを促進すると報告されています。

盲聾

日常用語では、盲と聾はそれぞれ個別の障害を示しており、盲聾は二つの障害の併合を示しています。視力、聴力の両方を完全に失った人は極めて希で、盲聾者の6％しかいないことが判明しています（Wolf-Schein 1989）。それゆえ、盲聾という言葉がその専門領域の専門家にも、視覚と聴覚障害の両方を併せもつ人々の団体にも、完全な視覚障害と完全な聴覚障害だけを示すために使用されることは普通はありません。盲聾についての一致した定義はありません。

米国にある盲聾の青年と成人のための国立ヘレンケラーセンターでは、盲聾者を視覚機能と聴覚機能の度合いで定義しています。歴史的には、スウェーデンの初等教育においては、盲聾の子どものことを「three-sensed（三つの感覚をもった）」と表現しており（Liljedahl 1993）、残っている感覚を強調してきました。2007年、北欧スタッフ養成センターは、二つの障害の度合いではなく、特別な必要性を強調した、盲聾者への支援をするための新しい北欧定義を採択しました。

> 盲聾は独特の障害です。盲聾は、視覚、聴覚両方の障害が複合したものです。盲聾は人の活動を制限し、完全な社会参加を制約するほどなので、社会が特別措置や環境の改造や技術の促進を求められます（www.nud.dk）。

最後に、機能障害、活動制限、参加制約を環境因子と結びつけた国際生活機能分類に基づく分類があります。視覚的、聴覚的信号が

正常に処理されないことは、身体的な機能障害です。それで、見える・見る、聞こえる・聞くという活動が制限され、視覚的、聴覚的情報を明瞭に解釈することができないのです（Moeller 2008）。

> 　ろう者学における報告によれば、盲聾はしばしば「孤島」ともみなされますが、外界を感知する代替方法の一つであるとみなされています。盲聾者によるレポートには「友好的でない外界に居場所を確保する」ために使用される戦略や習慣が示されています（Schneider 2006）。

そのグループの不均一性

　この人たちは、あらゆる年齢層にわたっており、片方もしくは両方の障害が発症した年齢もさまざまです。聴覚障害を先に発症する人もいればその逆の人もいます。少数ですが、高度から重度の視覚と聴覚の障害を同時に発症する人もいます。

　このグループは、発症が確認された年齢により、分類されることがあります。言語習得前の発症は、両方の障害が言語能力を習得する前か、習得中に発症したものです。専門家は、普通この部分群を先天性盲聾と呼んでいます。言語習得後の発症は、後天性盲聾と呼ばれることがあります。3番目のグループは、老年期に視覚と聴覚両方の障害が出てきた高齢者です。

盲聾を引き起こすいくつかの条件

　こういう状態が希であること、査定が困難であることは、他の機能障害に「隠れて」しまい、そのために、他の状態に起因するかもしれないと誤診される危険を増大させます（McInnes and Treffry 1982, Moeller 2007）。

アッシャー症候群

- アッシャー症候群は、常染色体劣性遺伝による遺伝性疾患です。
- アッシャー症候群は、老齢になる前に盲聾になる最も一般的な原因です（Kimberling and Moeller 1995, Sadeghi 2005）。
- アッシャー症候群は、三つの異なる臨床型（Ⅰ～Ⅲ型）に分類されます。異なる遺伝子の変異と臨床的特徴が、これらの型を分けます。
- アッシャー症候群は、蝸牛、前庭器官（Ⅰ型とⅢ型の場合）、および網膜の構造に両側性に影響します（Kimberling and Moeller 1995）。
- 内耳（蝸牛と前庭迷路）では、有毛細胞が影響を受けます。
- 目の障害である網膜色素変性症は、網膜の状態を悪くする遺伝性疾患の一つです（Hartong, Berson et al. 2006）。アッシャー症候群による視覚の悪化は、他の細胞色素変性症と比較して進行が遅い傾向にあります（Sadeghi 2005）。

> アッシャー症候群Ⅰ型は、重度聴覚障害と関連しているのに対して、Ⅱ型とⅢ型は、中等度から高度聴覚障害と関連しています。Ⅲ型は、たいてい進行性です（Kimberling and Moeller 1995, Sadeghi 2005）。

- アッシャー症候群Ⅰ型では両側の前庭機能が欠損しています。これは歩行開始年齢を遅らせたり（18ヶ月を超える）、とりわけ薄明かりや暗闇でのぎこちない動作の原因にもなります（Moeller 2007）。
- Ⅱ型は普通の前庭機能をもっているのに対して、Ⅲ型は進行

性の前庭機能喪失があります。
- アッシャー症候群Ⅰ～Ⅲ型のすべてが、進行性の視覚障害の原因になります（Kimberling and Moeller 1995）。
- アッシャー症候群の三つの型における網膜色素変性症は、聴覚や前庭機能ほど違いがありません。視覚障害の進行は多くの場合Ⅰ、Ⅱ、Ⅲ型で同様です。

　アッシャー症候群Ⅰ型をもつ子どもの機能回復は、人工内耳の導入以降、劇的に変わってきました。スウェーデンでは、アッシャー症候群Ⅰ型の子どもは、6～12ヶ月の間に両耳に人工内耳の移植をします。ねらいは、話し言葉を聞かせて発話ができるようにすることです。1997年以降、先天性重度聴覚障害（アッシャー症候群Ⅰ型を含む）児の95％が人工内耳移植を受けています（Moeller 2007）。聴覚障害の「治療」は盲を伴っていれば、医学的観点から取り扱われがちですが、すべてがそうだとは限りません。アッシャー症候群の人の中には、自分の障害を文化的観点からとらえ、人工内耳のような療法を好まない人もいます。

アルストレム症候群

- アルストレム症候群は、遺伝性常染色体劣性症です。
- この病気をもつ人は、すべて視覚障害、聴力損失、肥満問題、心臓問題、早発性糖尿病Ⅱ型、感染感受性をもち合わせています。腎臓、膵臓、肝臓など他の器官も影響を受けている可能性があります。
- 乳幼児における早期症状は、光感受性です。
- 網膜色素変性症による視覚の問題は、視覚障害の度合いはさまざまであるものの、急速に悪化していきます。アルストレ

ム症候群を抱える青年の大半は、14 歳までに失明しています。
- アルストレム症候群の子どもの多くは、4 〜 6 歳で聴力損失が顕著に見られます。
- 世界中に 500 人以上のアルストレム症候群をもつ人がいます。
- 視力損失の早期兆候は、子どもがよくつまずいたり、ものを見つけることができなかったりすることかもしれません。視力は、視覚障害の度合いはまちまちであるものの、急速に衰退していきます。

チャージ症候群

- これは常染色体優性症候群です。
- この名前は、最も頻繁に悪影響を受ける器官の頭文字から作られたものです。「C」は「眼欠損症（coloboma、眼の形成欠陥）」、「H」は「心臓欠陥（heart defect）」、「A」は「後鼻孔閉塞（atresia choane、鼻腔と咽頭の間の孔の狭窄）」、「R」は「成長、発達の遅滞（retardation）」、「G」は「生殖器（genital）の奇形」、「E」は「聴覚障害を伴う、もしくは伴わない耳（ear）の奇形」です。
- 発生率は、およそ 1 万 2000 人に 1 人です（Firth and Hurst 2005）。
- 外耳、中耳の奇形はありふれたものであり、中耳における骨の奇形は伝音性の聴力損失の原因になります。
- 蝸牛の奇形は 90％ の割合で起きます。小さいか欠損した半規管は感音性聴覚障害および平衡障害の原因になります。
- チャージ症候群の子どもの多くは、呼吸、嚥下、発声に重度の問題を抱え、中には重度な学習障害をもつこともあります。

先天性風疹症候群

- 先天性風疹症候群（CRS）は、風疹（German measles）としてもよく知られています。
- 妊娠してから12週間以内に風疹にかかった妊婦は、赤ちゃんをウイルスに感染させる可能性があります。
- 先天性風疹症候群における古典的な3大特徴として、聴覚障害、盲、心臓病があげられます。他に考えられる症状に、学習障害や発達遅滞があります。

高齢者

- 高齢による黄斑の変性は、中央の視野欠損の原因になります。
- 眼に影響を与えるさまざまな病気の複合の中で、高齢による聴覚障害は、65歳以上においてごく普通に見られ、年齢を重ねるにつれ有病率は増加します。

> 視覚と聴覚の二重障害をもつ高齢者は、盲聾者の多数を占めています。

第 2 章

ろう・難聴の来談者に対応するときに考慮すべき一般的な論題

アンナ・ミドルトン

この章では、聴覚障害と聴力損失に関連した一般的なコミュニケーションの課題について考察します。神経線維腫症Ⅱ型によるろう・難聴、盲聾者に関連した課題については、4章、5章でそれぞれ考察します。

補聴器の確認

- ろう・難聴者と初めて対面するとき、補聴器装用の有無を確認することが彼らとのコミュニケーション手段の手がかりになります。
- 聴者の世界に属していると感じている人は、読唇または発話でコミュニケーションをとる可能性があります。
- あるいは、文化的にろう者であると自覚しており、手話を使用することを好みますが、聴者とコミュニケーションをとるときは読唇の補助になるので残存聴力を活用することを好む人もいます。ろう者の中には、交通騒音などのある都市で、環境による騒音の中で聞きとるために補聴器を装用する人もいます。補聴器の電源を入れることで、道路を渡るとき、車の来る方向を判断することができるろう者もいます。

> 　補聴器を装用していないということで、その人がろう・難聴者でないという判断をすることは避けるべきです。重度聴覚障害をもち、補聴器を装用しても全く聞こえない、もしくは文化的にろう者という立場上補聴器を装用することを好まないということも考えられます。彼らの中には聴覚障害であるという診断をまだ受けていない人がいることも考えられます。

事例研究
補聴器をつけない手話使用者の診察

　シャンは、英国に住んでおり、生まれつき重度聴覚障害をもっています。第一言語は手話で、子ども時代には補聴器を装用していたものの、邪魔になるだけなので今は装用していません。補聴器を装用しないで、優先的に手話で話す一方、補聴器を装用すると、周囲から聞こえるから発話ができるだろうという印象を与えてしまうことがわかり、彼女もそれで悩んでいました。また、補聴器を装用しているとじろじろ見られることもあり、それが補聴器を装用するのを好まなくなる原因にもなりました。

　シャンは、主治医との定期検診を受けた際に、受付係に耳を指差しながら「deaf（聞こえません）」と口を動かした後、何かを書きたいと身振りで表現してみせました。受付係はペンと紙を渡し、シャンは「今日、主治医との予約をしていますので確認をお願いします」と書いて見せました。受付係はシャンが言いたいことを理解し、予定表に目を通しました。シャンは、手話を使用する者であることを表現するために、ほほ笑みながら耳に手を当てて「deaf（聞こえません）」と手話で表現してみせましたが、耳を指しているシャンを見た受付係は、ろう者は補聴器を装用しているものと思い込んでいたので、補聴器を装用するのを忘れたことを伝えたかったのだろうと思い違いをしてしまいました。ろう者であるシャンは、手話を使用する者であることをはっきり示したかったのです。

解説
　英国保健省は、現場で働く医療従事者に対して、聴覚障害に

第2章　ろう・難聴の来談者に対応するときに考慮すべき一般的な論題

関する認識を深めるための研修を受けることを推奨しています（保健省 2005）。その受付係は、聴覚障害者の中には補聴器を装用しない人もいるという知識をもっていませんでした。予約の手続きのみならず、主治医との相談の際に必要なコミュニケーション手段についても確認と手続きをしておけばより良いサービスを提供することができたのではないかと考えられます。

医療サービスへの不満

聴覚障害への医療サービスの質は現状では低いと言われています（Steinberg, Sullivan et al. 1998, Ubido, Huntington et al. 2002, Iezzoni, O'Day et al. 2004, RNID 2004b, Reeves and Kokoruwa 2005, Steinberg, Barnett et al. 2006）。聴覚障害者への医療サービスの質の低さは、聴覚障害者の医療サービス利用における不満につながっています。医療従事者への不信感、懸念、マイナスの印象をもつ一番大きな原因として、医療サービス提供者における聴覚障害への理解のなさ、聴覚障害者に適していないコミュニケーション支援の提供があげられます。

2004年に、英国最大の聴覚障害慈善団体でもある英国王立ろう・難聴研究所は、国民健康保険に加入しているろう・難聴者の利用とコミュニケーションを改善するべく「緊急の行動」を起こす必要があると提言しました。また、現場で働く国民健康保険関係者に対して、聴覚障害について認識を深める研修を受けることを推奨（RNID 2004b）しましたが、これは英国保健省からも同様に推奨されています（保健省 2005）。

米国、ロチェスター大学のリサ・ハーマー（Lisa Harmer）は、医療サービスとろう・難聴者にまつわる研究についての有益な論評を著しています（Harmer 1999）。下記の文章は、その論評からの引用で

この分野に関するいくつかの研究が簡潔にまとめられています。

> ザツォゥヴ（Zazove）らによる「ろう・難聴対象非無作為化調査」（Zazove et al. 1993）によれば、ろう・難聴者は聴者に比べて受診するケースが多いにもかかわらず、医療サービスへの満足度が低いとされています。ザツォゥヴらは、聴覚障害者は、抱えるさまざまな課題への助けを求めたり、前回の診察で理解できなかった質問の答えを聞き出したりするために何度も来診する傾向がある、という仮説を立てました。この研究では、ろう・難聴者は、医師と筆談を交わすにしても、医師の筆記はろう・難聴者には読みにくかったり、彼らの読み書き能力以上のレベルで書かれていたりすることが多くて理解しにくいと言っています。また、なぜそれが行われるかをきちんと理解しないまま、検査を受けたり、処方箋を受けとったりすることが一様に見られます（Harmer 1999、77 〜 78 ページ）。

英国王立ろう・難聴研究所（Dye and Kyle 2001、RNID 2004b）および、著者自身による研究（Middleton, Turner et al. 2009）においても、同様の結果が報告されています。

- 聴覚障害に気づくさまざまな方法についての理解の欠如が医療従事者に一貫してみられます。
- 医療サービスにおける聴覚障害への理解の欠如が一貫してみられ、これは聴覚障害者（deaf）、ろう者（Deaf）のみならず、難聴者（hard of hearing）、後天性聴覚障害者（deafened）にもあてはまります。
- ろう者の多くは、人工内耳の装用を好みませんが（Harmer 1999）、こういった態度は怠慢であるという憶説にろう者た

ちは憤慨しています。

事例研究

事故・緊急部門でのコミュニケーションの難しさ

　ドミニクは文化的ろう者で、地域のろう団体に勤務し、日頃から他のろう者と交流しています。彼は、聴者対象の学校に通いメインストリーミング（統合教育）を受けていましたが、特別支援による教育環境になじめず、15歳のとき退学してしまいました。彼にとって、発話を学び、聴者とコミュニケーションをとっていくことは難しかったのです。自分を守るためにも、ろう者としての自覚をはっきりとさせることが大切だという思いを抱いており、文化的ろう者なら、彼のことを理解してくれているだろうという認識をもっていました。彼は、ロンドンで行われたイギリス手話による言語認識運動の行進に参加し、障害者の権利を擁護する卓越した活動家となりました。

　ある日、ドミニクは警察と衝突して腕を骨折し、事故・救急部門のある地域の病院に運ばれましたが、腕を痛めていたため、手話、筆談も十分にできない状態でした。事故・緊急部門に到着したとき、医師は彼が言おうとしていることを理解できず、コミュニケーションは困難を極めました。医師は、ドミニクが失望し、おびえ、怒りを感じていることがわかりました。ドミニクは、防衛的になり、医師に怒鳴り散らしました。彼が言おうとしている言葉は「通訳者」というようにも聞きとれました。その担当医師は、つい先程多忙な交代制勤務を終えたばかりでかなり疲弊しており、何事にも衝突してしまう状態でした。その担当医師は、看護士の1人にドミニクが人工内耳を装用しているかどうか確認しました。ドミニクは「人工内耳」という言

葉を口で読みとり、ひどく憤慨し、医師に「物知らず！」と怒鳴り散らし、泣き始めました。

　夜間学校での手話コースを最近終えたばかりという受付スタッフの1人が、そのやりとりを見ていました。彼女はドミニクのところへ行き、手話で「ごめんなさい。あなたがすごく怒っているのはわかります。私の手話はあまり上手ではないけれど、あなたのために至急通訳を手配します」と言いました。彼は一瞬戸惑ったようでしたが、コミュニケーションの機会が一気に開けていくのを感じ取り、驚きを隠せませんでした。恐怖にかられた表情は次第に消えていき、手話で「ありがとう」と言い返しました。彼は通訳者が来るのを待ちながら、医師とコミュニケーションをスムーズにとることができると思うと少し安堵感をもつことができました。

解説

　事故・救急部門担当医師は、人工内耳に関する質問に対して、ドミニクがこのような反応を示すとは思いもよりませんでした。すでに感情的になっている状況をさらにあおるつもりはなかったのです。通訳者が到着したら、医師はドミニクに気を悪くさせるつもりはなかったと伝えることは効果的と思われます。

　ろう・難聴者の中には、過去にこういったつらい経験をして、医療サービスに対して防衛的になってしまう人もいます。事故・緊急部門に到着次第、適切なコミュニケーション手段を用意できるスタッフを待機させることが大切です。たとえば、現場に通訳派遣、オンラインによる同時通訳サービスの提供[1]、もっと望ましい場合、初級レベルながらも手話でコミュニケーションがとれるスタッフを常在させるなどがあげられます。このような状況であれば、ドミニクは読唇や筆談に頼らざるをえ

> ない状況を免れることができます。英国において、来談者のコミュニケーションのニーズに見合ったサービスを提供することは病院の法的責任であるとされています。
>
> 1）：詳細については、この章の最後を参照のこと

- ろう・難聴者の中には、特に重篤でない限り、医療サービスは受けないと考えている人もいます。彼らにとって医療サービスを受けることはストレスになり、なるべく避けようという気持ちになってしまっているのです。

遺伝子サービスの利用

　遺伝性聴覚障害は、最もよく見られる遺伝性障害の一つであるにもかかわらず、遺伝子カウンセリングの紹介を受けたり、受けようとしたりするろう・難聴者はほとんどいません。原因の一つは、単に成人ろう・難聴者は遺伝子カウンセリングに無関心であることが考えられています。しかしながら、著者の研究によれば、遺伝子カウンセリングとは何か、何を提供しているのか、といった詳細な情報を受けた場合、多くの成人ろう・難聴者がサービスを受けることに興味を抱くという結果が得られています。ろう・難聴者は、一般的に医療サービスにおける問題に直面しており、遺伝子サービスを受けるにしてもおそらく同様な経験をするであろうと考えている可能性もあります。

> 　遺伝子専門家は、一般的にろう・難聴者は医療専門家とのコミュニケーションが不十分であるがゆえに不平不満を感じているということを認識しておく必要があります。こういった状況が、ろう・難聴の来談者の遺伝子サービスに対する態度や利用

動向に影響を与えていると思われます。

遺伝子カウンセリングについての知識と懸念

　遺伝子カウンセリングとは何か、臨床遺伝学部門でどんなサービスが受けられるかについて聴覚障害者、聴者にかかわらずほとんどの人は限られた知識しかもっていません。「遺伝子」と「カウンセリング」という言葉の結びつきが混乱を生み、ときには誤解を招きます。精神療法が売りなのだろうと思ったり、サービスの唯一の目的が何か遺伝的なものに「対処する」のを支援することだと思ったりするかもしれません。遺伝子カウンセリングは、いかなる遺伝的状態についても情報を提供します。遺伝性乳癌や筋緊張性ジストロフィーのように、一族の異なる年代の人々の状態を通して明らかになるものもあります。

　著者の研究で明らかになったことは、多くの聴覚障害者が遺伝子カウンセリングが何なのかを理解できておらず、カウンセリングでは遺伝性聴覚障害の出生前診断を促され、おなかの子どもが聴覚障害であるとわかれば中絶を勧められるのが一般的であり、実際にこのような状況が起きていると誤解している、ということです。もちろん、それは事実ではありません。また、多くのろう・難聴者が遺伝子サービスに対して恐れや不信感を抱いており、その背景としてろう・難聴に関する歴史観や優生学（後述参照のこと）と関連していることが明らかになっています（Middletone, Hewison et al. 1998）。または逆に、ろう・難聴者の中には、遺伝子サービスは情報を提供してくれるものであり、ろう・難聴の子どもが欲しいかもしくは欲しくないか、またはろう・難聴を次世代に引き継ぎたいかという選択について、デフ・ファミリー（ろう・難聴一族）を支援するものとして

第2章　ろう・難聴の来談者に対応するときに考慮すべき一般的な論題

前向きにとらえる人もいます。ここで述べられているメッセージは、遺伝子サービスにはさまざまな見方があるということです。以上からわかるのは、遺伝子カウンセリングを勧められた人たちが皆、前向きにとらえていると考えるべきではないということです。

> 医療専門家は、ろう者や難聴者が遺伝子サービスに対する気持ちの持ち方は人により異なるであろうということを認識しておく必要があります。つまり、彼らの中には肯定的にとらえる人もいれば、中立的あるいは否定的に感じる人もいるということです。
>
> 一般の人たちと同様に、ろう・難聴者も、遺伝子カウンセリングが何なのかを知らない人が多いので、診察を始めるときに何を提供できるかをきちんと示しておく必要があります。

　ろう・難聴者を対象に遺伝子カウンセリングについて記述した資料や、遺伝子カウンセリングサービスで何が期待できるかを記述した資料に、サービスに対する不安があることを認めていることについても書き入れておくと非常に役立ちます。不安を抱くのはごく普通のことで、遺伝子カウンセラー側がそれらを開示して対処しない限り、カウンセリングの進行の妨げになることが個人的な経験からわかっています。間違った推測がいつまでも残っていて、それがケアのある面において来談者の意思決定に影響を与えるかもしれないので、このことはとても重要です。たとえば、ろう・難聴の来談者の中には、聴覚障害の出生前診断も同時に行われると勘違いして、嚢胞性線維症の出生前遺伝子診断の申し出を断ってしまうことがあります。

> 医療専門家は、ろう・難聴者の中には遺伝子カウンセリング

に対する誤解を抱き、胎児がろう・難聴であれば中絶させることを視野に入れた遺伝性聴覚障害の出生前診断をすることがカウンセリングの目的の一つだと思っている人もいる、ということを知っておく必要があります。ろう・難聴の来談者に、それが遺伝子カウンセリングの主な目的ではないとして安心させると良いでしょう。

事例研究

遺伝子カウンセリングに対する誤解

マンディは中等度のろう・難聴で、発声で意思疎通しています。彼女は、夫とともにアメリカに住んでいます。生まれたばかりの彼女の息子、ブラッドレーが新生児聴覚スクリーニングで重度の聴覚障害と診断されました。乳幼児聴覚士チームはマンディに、彼女と家族が地域の遺伝子サービスセンターで遺伝子診断を受けることを勧めました。マンディは驚いて「カウンセリング」なんか必要ないと言い、動揺を隠すことができませんでした。彼女は遺伝子についてのテレビ番組で、おなかの子が聴覚障害であるかどうか検査するテストがあり、聴覚障害とわかった場合は中絶できることを聞いたとも言いました。彼女は次の妊娠でその検査を受けることを望んでおらず、遺伝子カウンセラーが彼女にそれを勧めるのではないかと誤解していました。

乳幼児聴覚士は、遺伝子カウンセリングの目的は、情報と支援を提供することであり、遺伝子専門家はどんな検査も受けることを強要しないと言って、マンディを安心させました。小児聴覚士は、マンディに家族の中に何か病的な状況の人はいないか尋ねたところ、彼女のいとこがデュシェンヌ型筋ジストロ

> フィーだと言いました。乳幼児聴覚士は、遺伝子カウンセリングを受けることで、これについての情報を提供でき、マンディにもデュシェンヌ型筋ジストロフィーの子どもが生まれる可能性があるかどうか調べることができると伝えました。マンディはもっと知りたいと強く思い、紹介状の作成を求めました。

> 遺伝子カウンセリングの臨床面に焦点を当てた現行のリーフレットやDVDの中には、ろう・難聴者が抱く恐怖や疑いや、誤解について言及しないものがあります。現行の資料を補完するための、補足資料が必要です。

軽率に庇護者的な態度をとる医療従事者

> 「ろう・難聴者に対して意識的な、あるいは無意識的な先入観を抱く医療提供者は、効果的に働くための適切な研修を受けておらず、来談者の見方を理解しないので、質の良い医療サービスが提供できません」(Hammer 1999、98ページ)

　上記をふまえ、医療従事者はろう・難聴者は何らかの点で能力がなく、欠陥があり、ハンディがあるという見方から離れることが大切です。もし医療従事者がろう・難聴者を欠陥のある人とみなすとすれば、当然、自分たちを「欠陥がない」がために上の立場に押し上げることになります。こういった押し上げは力関係の差を生みだし、双方にとって良くありません。来談者は自動的に「無力な犠牲者」の立場をとることになり、医師は「かわいそうに、どうやったら良くしてあげられるのだろうか」という態度になります。この力関係が拡大されると、聴覚障害の来談者は誤解されていると感じて

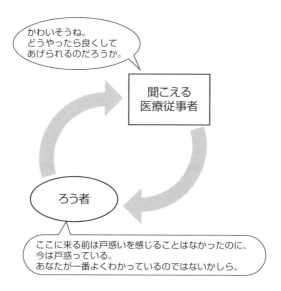

無力感をつのらせ、聴者の医療従事者はますます庇護者的で権力的な態度をとることになりかねません。この状況が激化すると、まるでいじめとその犠牲者のような力関係になる可能性があります。

事 例 研 究

聴覚障害を全人的に見ること

　アクセルは、デンマークの耳鼻咽喉科の医院に配属されてからまだ6ヶ月の新米医師です。彼の祖母が50代で聴覚障害になったこともあり、祖母にとって聴覚障害とはどういう状況であるのかを把握していました。

　来談に来たソレンは、50代であり、10代の頃から次第に聴力を失っていきました。彼は、中耳の骨が硬化するという耳硬化症を抱えていました。これは手術によって治ることがよくあります。ソレンは、今まで聴覚障害であることで不自由を感じ

たことはありませんでした。彼は、ユーモアのセンスがあり、前向きで、気さくな人柄でした。彼は、耳硬化症であると診断される前の20代のとき、重度聴覚障害の女性と出会い、結婚しました。2人のコミュニケーション方法は、発声、読唇、手話の混合でした。2人とも地方自治体の古株で高く評価されていました。ソレンの妻は聴覚障害者のためのサービス、ソレンはスポーツ・レクリエーションの部門で働いていました。

　ソレンは、耳硬化症の手術について相談することを主治医から勧められたので、耳鼻咽喉科の医院に話を聞きに行きましたが、手術を受けることにはあまり乗り気ではありませんでした。

　アクセルは、ソレンに会って手術を受けることの良い面と悪い面について話しました。アクセルは、手術の成功率が高いことを知っており、ソレンが同意して手術を受ければ、より良い質の生活を送ることができるだろうと確信していました。彼は、ソレンが日々コミュニケーションに苦労しているものと想像し、聴力を回復させる具体的な解決方法があると思っていました。アクセルは、聴覚障害であることは問題であり、聴者であることが好ましいと決めてかかっていました。

　ところがソレンは、聴覚障害であることに特に煩わされたことがありませんでした。彼は今までに、自分に聴覚障害があることで他の人に迷惑をかけているのだろうということを感じながらもなんとか乗り越えてきましたし、それが彼の個性の一部であると感じてきましたので、このことを変える必要があるとは思いもよりませんでした。彼は妻、友達、家族、同僚と何不自由なく会話ができていると感じていましたし、聴覚障害があることで何かを躊躇ったことはありませんでした。アクセルから、手術すれば改善されると聞かされたとき、その話に応じる気持ちは全くありませんでした。

アクセルは、なぜソレンが手術を受けることである程度の聴力を回復する機会を拒否するのか理解できませんでした。彼は、ソレンのことを気の毒に思い、誤った考えに導かれてしまっているのではないかと思いました。ソレンの方は、アクセルがありのままの自分を受け入れてくれないことに憤慨し、アクセルの憐れみに心底いらいらしていました。

他にどんなやり方があったでしょうか。
　アクセルは、聴覚障害は障害（disability）であるという強い無意識的な見方をもっていました。それは、彼の祖母が抱えていた聴覚障害という限られた経験がもとになっていました。そのためにソレンを豊かで満ち足りた生活を送っている人として見ることができなくなった可能性があります。アクセルは、医学的観点から聴覚障害を見ており、来談者の見方を引き出すために自分のコミュニケーション能力を使うことに慣れていませんでした。もし、アクセルが聴覚障害についての先入観についてよく考えることができていれば、ソレンのことをもっと全人的に見ることができたのではないでしょうか。

　手話を使用するろう者と音声を使用する難聴者の観点を収集した質的研究は、ろう・難聴者が、「たいていの医者は、ろう・難聴に関して無意識の先入観を抱いており、それが最初の段階から来談者と医者との関係を悪くしている」と感じていることを示しています。さらに言えば、医者は来談者の「生活」の全体性を十分には評価していないことがわかりました（Iezzoni, O'Day et al. 2004、357ページ）。

「多くの医者は、来談者に対し、庇護者的で自民族中心主義的な態度をとる傾向があります。医者は、障害者は社会の主流

第2章　ろう・難聴の来談者に対応するときに考慮すべき一般的な論題

> となる水準から外れていて、可能であれば矯正すべき逸脱者であるという見方をします。こうした信念や偏見は、医療提供者と来談者双方の期待、かかわり、決定に影響を与えます。医療サービス提供を含むさまざまな状況を見るとき、聴者とろう者それぞれが用いる評価基準枠は異なっていることを理解したり尊重したりできていないと、余分な問題が起きます。ろう者は、聞こえないことを障害であるとは思っておらず、医学的治療と聞こえる医療提供者に対し、異なる目的と優先順位をもっています」（Harmer 1999、90ページ）

次節では、焦点を医療従事者から聴覚障害の来談者に戻します。そこでは、聴覚障害者に関連したいくつかのコミュニケーション方法について概説します。

コミュニケーション手段

ろう・難聴者が使うコミュニケーション手段はいろいろあります。最も一般的なのは、発声、その国の手話（例：イギリス手話、アイルランド手話）、手指音声言語、すなわち音声言語を単語ごとに語順のままに手話に翻訳したもの（例：手指英語）、読唇、筆談、指文字を伴う発声などです。医療現場において、言語に長けていることがすなわちコミュニケーションに長けているということではないのを理解しておくことがとりわけ重要です。ボディランゲージ、顔の表情、しぐさ、そして非言語的手がかりのやりとりは、人が感じているあらゆる種類の情報を、言語そのものよりも雄弁に提供するかもしれないことを意味します。

音声言語

聴覚障害者の大半は、軽度から中等度の聴覚障害をもっています。彼らは主なコミュニケーション手段としてたいてい音声言語を用います。後天性聴覚障害者も同様です。後者は、補聴器からの利得がほとんどなく、話し相手の上手なコミュニケーション技能に大きく依存しています。前者も後者も、医療の専門家の立場からの聴覚障害についての高度の認識を伴った、音声言語による医療診察を受けることを好む傾向があります（Middleton, Turner et al. 2009）（詳細は後節を参照）。

その国の手話

昨今は、誰もが手話を使用することが社会的に受け入れられていますが、今までずっとそういう状況であったわけではありません。つい最近まで、教育の場における手話の使用は口話教育の妨げになると考えられ、多くのろう・難聴者のための学校が閉校になり、より口話主義的なアプローチが取り入れられてきました（Ladd 1988）。つまり、手話を十分に使用できる環境が与えられていれば、手話から多大な利益を得ていたかもしれない重度の聴覚障害成人がいるということです。しかし彼らはこのような機会が与えられませんでした。障害の程度が重いので、音声と聞きとりを通して十分にコミュニケーションをとることができず、聞こえる人優勢の社会では片隅に追いやられているだけでなく、手話も使用できないのでろう者の世界でも隅に追いやられています。

> 国の手話と音声言語の語順は同じではありません。手話は独自の文構造や文法や語分類をもっています（Fischer and Hulst 2003）。

たとえば、イギリス手話や、アメリカ手話を含む他の国の手話は、意味を構成するために、手話を使用する者の体の前の特定の位置を用います。そして、手話と一体化した特定の空間的位置は、決まった代名詞を意味します（Ralston and Israel 1995）。手話を使用しているときに声を出すことは普通ではありませんが、手話と同時に音声言語から借用した単語を口に出すことはあります。ですから、手話を使用しながら音声を発話することは変則的なことです。しかしながら手指音声言語にはこれはあてはまりません。手指音声言語はそもそも音声言語に基づいたものなので、手話を使用しながら同時に話すのはずっとやりやすいのです。

> 　国の手話にも、独自の方言や、地域による違いがあります。たとえば、リンカンシャー州とコーンウォール州で使用されているイギリス手話が違うことがあります。それは音声言語が地域によって違うのと同じです。世界規模で見ても、手話は音声言語と同様に、それぞれ独自に発達してきましたので、国によって違うのです。

　研究者は、手話を使用しているときと音声で話しているときで、脳で刺激される神経パターンに違いがあると報告しています（Campbell, MacSweeney et al. 2008）。つまり、記憶や学習の過程においても手段が異なると考えられるわけです（Marschark 2003）。このことは、手話を使用するろう・難聴者は、知能と教育の可能性においては、音声言語を使用する者と何ら変わらないものの、情報を受けて、処理し、記憶する方法が異なっているかもしれないことを意味します。

手指音声言語
　ろう・難聴の子どもをもつ両親や教員は、ろう・難聴の子どもと

会話するとき、その国の手話から取り入れた手話単語と音声を同時に使用する傾向がありますが、それは手話を身につけることが容易ではないからです。ろう・難聴の子どものいる家族が聴者で、手話が主なコミュニケーション手段ではないときに特に顕著です。この方法でろう・難聴の子どもは、読唇と手話による手がかりを同時に学ぶことができます。音声対応手話・手指音声言語（イギリスの場合は手指英語）は、聴者世界とろう者世界の間の橋渡しをする傾向もあり、大人になってから手話を使用するようになった聾者や難聴者、またはほとんどの時間を聴者の世界で過ごす人の間で使用される傾向があります。ろう文化に属しているとみなされる人は、たいてい手指音声言語ではなく国の手話を用いるでしょう。

事例研究

手指音声言語使用者になるということ

　マリオンは、生まれたときは耳が聞こえていましたが、7歳のときに髄膜炎にかかり、聴力をいくらか失いました。彼女は、スコットランドの聴者の生徒が通うメインストリーミング（統合教育）の学校に通っていましたが、聴者の友達の会話にほとんどついていけず、溶け込めたことは一度もありませんでした。このため友達がほとんどできず、全く1人ぼっちだと感じていました。

　中等学校でマリオンは自分とよく似た経験をした子と出会い、友達になりました。その子は、手話を学べる夜間学校を見つけました。そのクラスは、ろう・難聴の子どもを指導している聴者の先生が担当しており、手指英語を教えてくれました。マリオンと友達は、すでに英語を習得していましたので、読唇にはかなり長けていました。先生が手指英語を教えるとき、同時に

> 口をパクパク動かして英単語を話していたので、彼女らは手指英語を簡単に身につけることができました。
>
> 　1年も経たないうちに、マリオンと彼女の友達は、手指英語が流暢になりました。このことでコミュニケーションの全く新しい段階が開かれ、ろう社会とかかわりをもてることを実感できていました。イギリス手話は流暢ではありませんでしたが、イギリス手話の会話に十分についていけるだけの手指英語の技術が身につきました。この新たな言語は、他の手指言語を使用する人を見つけ出す自信となり、彼女らは地域の難聴者の社交クラブに参加するようになりました。

音声言語の難しさ

　先天性の重度聴覚障害をもつ人が音声言語を話すことは、ときとして困難です。それは、耳が一度も音声を聞きとることができたことがなければ、脳が音声の使用を処理するのは難しいからです。それで、音声を一度も聞いたことがない人にとって、読唇と読話は非常に難しいことなのです（Barnett 2002a）。これは、教育や言語療法での特別な訓練により、ある程度は対処できるかもしれません（Kaplan, Gladstone et al. 1993 in Ralston and Israel 1995）。

> 　主なコミュニケーション手段として、手話を使用して育ってきたデフ・ファミリー（ろう・難聴一族）出身の子どもたちは、学校に行くまで「音声」の概念を知ることはないかもしれません。

　このことは、学校へ行くまでほとんど音声に接する経験がなかったろう・難聴の両親をもつ耳の聞こえる子どもにもあてはまるかもしれません。デフ・ファミリー（ろう・難聴一族）出身の耳の聞こえる子どもは、週に5～10時間聴者と音声で会話をしてさえいれば、

普通に話し言葉と言語を習得することができるようになるということを示した研究があります（Schiff-Myers 1998 in Israel and Arnos 1995）。

このことは、医療現場での音声によるコミュニケーションがほとんど成り立たない可能性を示しています。ですから、有能な通訳やコミュニケーション支援を提供することが不可欠なのです。それは、診察の現場だけでなく、受診前の受付や予約に関するやりとりにもあてはまります。

重度聴覚障害をもつ人の中には、子どものときに高水準の言語療法を受けて、発話が上手という印象を与える人もいます。しかし、これが誤解のもとになることもあります。それは、声を非常にうまく調整して明瞭に発声ができても、相手の話を聞きとり、ついてゆくことは発声と同じようには楽々とはできないからです。ですから、ろう・難聴者は言われたことをすべて理解していると思い込まないことです。双方向のコミュニケーションを確保することは医療専門家の責任です。話されている内容についてきているかを、来談者に頻繁に確認することが重要です。

事例研究
言語理解の不整合

イヴは、妻コンスタンスと一緒にフランスに住んでいました。彼は、妻と一緒に出産前の助産師の予約をしに行きました（訳注：フランスでは妊娠が判明してから出産まで助産師がかかわります）。彼が助産師に話しかけたとき、彼の声が単調だったので、助産師は彼が聴覚障害者であることがすぐわかりました。最初に彼は、コンスタンスが妊娠してどんなに嬉しいか、生まれてくる赤ちゃんをどんなに心待ちにしているかを、とても明瞭に話しました。

助産師は、イヴとコンスタンス（聴者）に妊娠と、可能なスクリーニング検査について話し始めました。彼女は、主にコンスタンスに向かって説明をしましたが、その間イヴがうなずいていたので、会話の内容を理解しているという印象をもちました。イヴはずっと黙っていて、最後に彼女が何か質問があるかどうか聞いたとき、イヴは何も答えませんでした。助産師が再度、質問がないかどうか聞いたとき、イヴは、会話の内容に全くついてゆくことができなかったので、何を話していたのかと尋ねてきました。助産師は、イヴからの反応を誤解しており、彼の音声を彼女が理解できたというだけの理由で、彼も彼女の話している内容が理解できていると思い込んでいたのです。

　解説
　助産師は、コミュニケーション手段をイヴに合わせる必要がありました。特にはっきりとした唇の動きをするように気をつける、はっきりと見えるように常に彼に顔を向ける、会話の最初にこれから何を話すのかをあらかじめ伝えておく、話題を変えるときには強調する、重要な伝達事項を繰り返す、きちんと理解できていたかどうかを確認することなどが必要でした。また、最初の段階で、読唇だけでも大丈夫か、それとも音声通訳やその他の通訳が同席した方が良いかを確認しておくべきでした。

　また、聴者には内容を理解していると受けとられる合図、たとえば「うなずき」をするろう者や難聴者がいます。でも、それは誤解を導く行為であり、聴者は勘違いしてしまい、実際にろう者が理解している量よりも理解できていると誤解してしまうことがあります。

読唇

　喉から出るさまざまな音を組み合わせた単語に同じ口型が使用されるので、明確に読唇することは困難です。喉から出る音は、見ている人からは見えません。

　読唇をする人は、舌やあごの動き、身振り、顔の表情など多くの付加的な要因をうまく取りこむ能力が発達しています。これらはまとめて、読話（speech-reading）としても知られています（Kaplan, Bally et al. 1987 in Ralston and Israel 1995）。

> 　唇の上では全く同じように見えても、完全に違った意味をもつ多くの単語や音があります。読唇で理解できる英語の音声は30％以下であることが確認されています（Harmer 1999）。たとえば、「fifteen（15）」と「fifty（50）」の違いを読唇することは、実質的に難しいことです（Harmer 1999）。「Where there's life there's hope（生あるところに希望があり）」と「Where's the lavender soap?（ラベンダーの石鹸はどこ？）」も、音声の助けなしにはっきりと確認することがとても難しい文例です。

　読唇者とコミュニケーションをとる際に口をはっきりと動かすように心がけることが大切であることは明らかです。口を指や髪で覆ったりして顔を隠したり、食べものを噛んだりしないことも含まれます。目を合わせることも重要で、通院記録やパソコンの画面を見たりするために顔をそらしたりしないことも必須です。

事例研究
補聴器装用者とのコミュニケーション

　エレインはカナダ人で、40代のときに聴力を失い始めまし

第2章　ろう・難聴の来談者に対応するときに考慮すべき一般的な論題

た。50歳になったときに、ついに自分が聞こえないことを認め、主治医に聴力検査の紹介を依頼しました。彼女は地域の聴能部門で中等度進行性聴覚障害と診断されました。エレインは、補聴器のフィッティングや検査のために、病院の予約をたくさんとらなければならず、また彼女の場合は再診も必要でした。エレインに合った補聴器がようやく見つかり、彼女に合うように調整されてうまく音声が入るようになると、エレインは再び聞こえるようになり「障害」が解決されたことを大変喜びました。

　ある日の通院の際に、エレインは車で来院しましたが、駐車場を見つけることができず、警備員のところへ行って、場所を尋ねました。その警備員はエレインが補聴器を装用しているのを見て、ろうあるいは難聴者に違いないと思い、口の動きを強調して、音調をあげてゆっくり話しかけました。彼の母が高齢の親族にこのように話しかけているのを見たことがあり、エレインにもこの方法が役立つと思ったのです。

　エレインは、つけていた補聴器が急にその音を増幅したので、びっくりしました。彼がわざわざ大きな声で話さなくても、彼の話は完全に聞きとることができました。また、口の動きを強調しすぎることは、発声をゆがめるので最も無用なことでした。エレインは、話し方を何も変えなくても聞きとれることと、話が見えるように対面して話してくれればわかることを警備員に伝えました。その後彼らは、病院で駐車場を見つけるのは大変だという楽しい会話を続けました。

解説

　補聴器装用者は、音声の話を聞きとっているとき、いくつかの技能を混合したもの全体に頼っています。補聴器による音の

増幅だけでなく、話している相手の表情、口の動きなどの非言語的な合図によって得られた視覚的情報もうまく活用しています。口の動きを強調したり、大きな声を出すことは、補聴器の音声の増幅を妨げるだけでなく、口型をゆがめることにもなり、読みとりに影響を与えてしまうことがあります。補聴器の装用だけでうまく順応できる人もいますが、読唇の助けになるように特別な注意を払うことは、コミュニケーションの補助を付加することになり、役立ちます。

　読唇者に非常に役立つ要因の一つに、会話の内容が予測できることがあげられます（Harmer 1999）。たとえば、ファーストフード店の待ち列で待っているとき、スタッフから最初に聞かれる質問は「今日は何を注文なさいますか？」だということは予想できます。

　読唇者と会話をするときに、道しるべを示すことは役に立ちます。たとえば、「最初に診断結果についてあなたに尋ねた上で、治療の選択について話し合いましょう」という具合にです。

読み書き能力

　手話言語は、書記言語や音声言語の直訳ではないので、手話を使用するろう・難聴者は、筆記文書を読みにくいと感じるかもしれません。なぜなら、彼らにとっては、それは第二言語であり、翻訳しなければならないからです。この困難性は、知的能力のなさに起因するものではなく、むしろこのような問題を克服するための適切な教育を受けることが困難だったことが原因です。このことは臨床医が理解するべき非常に重要な点であり、診察している来談者にろう・難聴の病的原因があるかどうかを診ているのであれば、とりわけ重要です。そのことに関連して、そのろう・難聴者が学習障害を

もっているかどうかを知ることは非常に大切なことです。筆談はろう・難聴者にとって第二言語でしかないため、ろう・難聴者が書いた筆談のメモを見たときに、臨床医は、彼らが学習障害をもっているのではないかと見誤る恐れがあります。

　欧米の研究は、ろう・難聴の両親をもつろう・難聴の子どもは、聴者の両親をもつろう・難聴の子どもより学業成績が良いことを示しています（Stephens 2005）。このことは、英国での最近の大規模な研究でも確認されています（Fortnum, Barton et al. 2006）。この研究結果から推察できることは、ろう・難聴の両親は、ろう・難聴の子どもに肯定的なロールモデルを提供しており、コミュニケーションの問題をどう解決するかについての予備知識をもっているのではないかということです。また、彼らは自分が経験しているので、ろう・難聴児の教育について、聴者の両親よりもよく知っています。これらすべての要素が、ろう・難聴者の優れた学績成績に影響を与えていると考えられます。

> 　ろう・難聴者を対象とした文書は、手話に翻訳しやすいように注意深く考えられるべきです。何かを書く以外に方法がない場合は、平易な英語で書くことと、文の構造（長々と続けず、短文にする）、言語の使用（専門語を含まない）に細心の注意を払う必要があります。

　手話を使用する者のために、有料で書物を平易な英語に訳してくれる会社があります（この本の巻末に記載されているウェブサイトのリストを参照のこと）。可能であれば、書記文書は手話によるDVDで提供することが望ましいのです。このようなDVDを24時間内に制作してくれる会社もあります。

> 英国マンチェスターにあるセイント・メアリー病院の遺伝子カウンセリングチームは、ろう・難聴の来談者とその家族を対象とした特別診察サービスを開始しました。彼らは、当時そこの部門に置かれていた、診療科とそこで期待できるサービスについての説明書が、第一言語が手話であるろう・難聴者にとってすぐには利用しにくいことがわかりました。彼らは、文書をイギリス手話に翻訳してくれるろう者の通訳者チームを雇用しました。その翻訳は撮影され、正確さとわかりやすさを確認するために手話の専門家によって逆通訳されました。このDVDとビデオは、音声と字幕をつけて、希望する来談者に配布するために制作されました（Belk and Middleton 2004, Belk 2006）。これはサービスへの機会均等を提供するための大変優れたツールであり英国の差別禁止法（1995）にも応じたものでした。

　平易な英語で、もしくは手話で表したDVDは来談者への情報提供だけでなく、遺伝子カウンセリングに用いられる家族癌歴のように、来談者についての情報を収集するための同意書や問診票も含めるようにしましょう。

> 　診察の際に、筆記メモを使用することは、音声を主な言語としている人には非常に役立ちます。けれども、手話を使用する者にとっては、筆記メモ（筆談）による診察は、読んで理解するのに苦労して逆に障害になるかもしれません。

　多忙な医療従事者は、口で説明するよりも時間がかかるということから、筆談を簡略化して書く傾向があります（Harmer 1999）。すると、ろう・難聴者の中でも手話を使用する者は、普段使用しない言語で医療に関する情報を受けとるだけでなく、聴者よりも簡略化さ

れた方法で情報を受けとるということになります。標準レベルの支援が提供されていないということは、明らかです。

来談者の第一言語が手話である場合、医療診察の際に手話通訳の手配をしないということに対しては、いかなる言い訳もできません。

> メドー（Meador）とザツォウヴ（Zazove）は、手話を使用するろう者が、手術を受けるための診察の際に、手話通訳者がいない状況で、やむを得ず、筆談で医者と会話をせざるを得なかった例を以下に紹介しています。
>
> 医者が「You may need surgery（手術を受ける必要があるかもしれません）」と書いたところ、来談者はこの意味を「You need surgery in May（5月に手術を受ける必要がある）」ととらえました。英文「You may need surgery」は、アメリカ手話では、「You maybe need surgery」と表現されます。英文「You need surgery in May」は、アメリカ手話では「You (in) May need surgery」と解釈される可能性があります（Meador and Zazove 2005、219ページ）。

聴導犬

聴導犬は、電話の呼び出し音や場内放送などの特定の音を、飼い主であるろう・難聴者に伝える役割をします。英国では、病院、医療支援場を含む支援が必要ないずれの公衆の場においても、飼い主に聴導犬の付き添いを許可しています。役割を果たしている間、聴導犬は、甘やかしたり、特別な注意を注いだりすることはできませんが、聴者の手話通訳者に水を提供するのと同様に、聴導犬に水を与えることは認められています。

英国では、ろう者のための聴導犬は暗紅色の上着を着ることになっており、他の障害者や盲者対象の犬は、色の違う上着を着ることになっています。

ろう・難聴者にやさしい支援の計画

　医療従事者が、今ある環境をろう・難聴の来談者にとって、より利用しやすく作り直す計画をするとしたら、その医療サービスを利用している来談者のグループからの意見を収集することが最も有益でしょう。それを適切に実行する手段として、外部の、ろう・難聴についての認識や、ろう・難聴への差別解消についての認識を深める支援活動をしている団体に、現今で利用できるものを見てもらい、推薦を依頼すると良いでしょう。ろう・難聴者の相談員によって運営されており、ろう・難聴者による研修を行っている団体は最も啓発的なものとなります。これに関連する微妙な差異として、手話使用者であるろう・難聴者と音声使用者である難聴者とでは、障害認識が異なることに関する考慮も必要です。

　推薦できるものとして、ビデオ電話、ミニコム[2]、文字通信の受信ができて、インターネットにアクセスできる障害者向け電話を提供する財政投資があげられます。インターネットアクセスには電子メール、マイクロソフトネットワーク（MSN）メッセンジャー、サイトスピード、スカイプ[3]、オンラインによる通訳サービスがあります。

　2）：ミニコムは、ろう・難聴者に利用されている電話で、コミュニケーション様式として文字が使用されています。過去に、公の場でろう・難聴者と接点をもつ公共の団体はすべてミニコムを設定することが推奨されてきました。しかしながら、最近では、たいていのろう・難聴者は、携帯電話による文字通信や電子メールを好むようになってきています。聴者のスタッフがミニコムの使用方法に通じておらず、ろう・難聴者が他のコミュニケーション手段を好むのであればミニコムは無駄な支出となるでしょう。

　3）：MSNメッセンジャー、サイトスピード、スカイプは、インター

> ネットを通じてビデオ会議ができるソフトウェアの例です。このように、これらは手話を使用する人にとって、文字言語に頼る必要がなく、視覚的にコミュニケーションをとることができるので、理想的な方法です。

　このようなサービスは、予約をとるときに電話の代わりに利用できます。病院の予約をとるときに電子メール、テキスト通信などのコミュニケーション手段の選択肢を提供する環境を考えていくことが大切です。また、次回の予約日が確認できる視覚的表示板や、補聴器装用者のための誘導ループシステムを用意することも大切です。

> 　上記のような設備を配置するとともに、入口で最初に来談者と対応する受付係や病院の予約を担当する管理者を含む管理部門のスタッフは、ろう・難聴について知識を深める研修を受けることが重要です。

　これもまた、外部のコンサルタントによって準備できますし、また、病院が大規模で研修機関がある場合は、障害について知識を深める研修を実行している人がいて、院内研修ができることもあります。ろう・難聴者についての認識を深めるための研修は、臨床担当のスタッフにとっても欠かせない要素です。最新の技術を知るための更新講習が受けられるようにすることと新しいスタッフが研修を受けることを確保すべきです。

診察の前に

　ろう・難聴者は、医療従事者または通訳者を見ていない限り、コミュニケーションを始めることができないということを、認識して

おくことが重要です（Barnett 2002a）。彼らが待合室で待っていて順番が来たときに、受付係や医療従事者が近寄ったりするなどの目による確認がない限り、名前が呼ばれるのを聞いたり、合図を出されても気づくことができない、ということです。

　その代わりに、視覚的合図を使いましょう。たとえば、来談者が到着した時点で番号札を渡し、待合室で番号を見られるようにしておき、順番が来たときにはっきり見えるように表示できるようにしておきましょう。あるいは、診察の用意ができた時点で来談者の名前を表示する電子掲示板を利用する方法もあります。後者のやり方は効果的ですが完全に満足のいくものではありません。来談者の名前がその場にいる人すべてに公表されるので、秘密が守れないと考えられるからです。他の効果的な手段として、病院に到着した時点で来談者にポケットベルを渡しておき、受診の順番が来たときにポケットベルを振動させて知らせるというものもあります。

> ろう・難聴者にとって、待合室の問題を最も簡潔に解決する方法は、すべての席を受付係や視覚的表示板の方を向くように配置し、顔を上げさえすれば何が起きているか確認できるようにすることです。

　来談者が診察室で待っていて、そこに医療従事者が入る必要があるとき、来談者はドアをたたく音が聞こえない場合があるので、診察室に入る前にドアを静かに開け、視線を合わせることが大切です（Barnett 2002a）。また、触診が必要な場合はまず視線を合わせて、来談者を突然驚かせないようにすることも重要です（Barnett 2002a）。

　ろう・難聴の来談者の医療記録には本人が要求するコミュニケーション手段を明確に記しておくべきです。文書による医療記録の表紙に、大きな文字で以下のように箇条書きにしたものを記載してお

くのも効果的です。

- 重度聴覚障害
- イギリス手話を使用する人、もしくは補聴器装用で、読唇ができる
- 地域の手話通訳者（電話番号○○○-○○○○）を利用することを好む

医療記録が電子による場合、上記のリストを自動警告として表示することで、この来談者の名前でコンピューターを使用するたびに、その来談者のコミュニケーションの必要性を確認することができます。

医療現場におけるコミュニケーション手段の好み

最近の研究において、手話を使用するろう者は、病院におけるコミュニケーションの好みが、音声を使用する人と異なることが示されています（Dyle and Kyle 2001、Middleton, Turner et al. 2009）。この研究によれば、手話を使用するろう者で、音声での診察を好む人はほとんどなく、ほとんどは通訳者をつけてもらうか、手話ができる医療従事者による直接診察を好むとのことです。音声を使用する難聴者は、ろう・難聴者について知識がある医療従事者であれば、発声での診察でも満足しているようです。ろう・難聴者について知識がない医療従事者によって発声のみでの診察を受けることに対して、問題がないとしているのは音声を使用するごくわずかの人です（Middleton, Turner et al. 2009）。

> 医療従事者は、手話を使用するろう者か、音声を使用する難聴者かによって、コミュニケーションの好みが異なることを把

> 握していることが大切です。

ろう・難聴に関する認識を深めること

　医療従事者には一貫してろう・難聴者に関する知識が欠けているということは、多くの研究論文により指摘されています（Steinberg, Sullivan et al. 1998、Harmer 1999、Munoz-Baell and Ruiz 2000、Ubido, Huntington et al. 2002、Iezzoni, O'Day et al. 2004、Maedor and Zazove 2005、Steinberg, Barnett et al. 2006）。英国王立ろう・難聴研究所は、この問題に対処するための活動が緊急に必要であると指摘してきました（RNID 2004b）。しかしながら、こうした活動が実行に移されたとは思えません。ろう・難聴の認識のための研修を受けるよう、医療従事者に呼びかけているにもかかわらず（保健省 2005）、現実にそれがなされているようには見えません。

　医療従事者にとって最大の難関の一つは、来談者がろう・難聴者であったり聴力に障害をもっていたりすることに気が付くことです。この問題は、補聴器を装用していなかったり、本人が聴力を失いつつあるという自覚がなかったりする来談者の場合に、特にあてはまります。それゆえに、医療従事者は交わした話の内容を来談者が理解しているかどうかの判断に細心の注意を払う必要があります。

　ロチェスター大学のスティーブン・バーネット（Steven Barnett）は2002年に「ろう・難聴者とのコミュニケーション――医療教育の手引」という優れた論文を『医療教育（Academic Medicine）』誌に書きました。彼は、さまざまなレベルのろう・難聴者とコミュニケーションをとる際に必要な、ろう・難聴者についての認識の技能をまとめており、下記に引用します（言葉のいくつかは英国の実情に合わせて編集しました）。

第2章　ろう・難聴の来談者に対応するときに考慮すべき一般的な論題

手話を使用するろう・難聴者に関する認識

挨拶

　手話の挨拶で来談者を迎え入れます（または、来談者に手話でどう挨拶をするか尋ねます）。

　どんなコミュニケーション手段が最も良いか、来談者に尋ねます。

環境

　部屋を十分に明るくして、照明の光が来談者の目にまぶしくないようにします。

　ろう・難聴の来談者が医者と通訳者を見やすいように、それぞれの配置を決めます。

表現するときのコミュニケーション

　資格のある通訳者をつけましょう。

　通訳者ではなく、来談者に直接話しかけましょう。

　話題を変えるときは、事前にはっきりと伝えましょう。

　筆談メモや、文書の有効性には限界があるかもしれません。

　コミュニケーションの質について、ときどき来談者に確かめましょう。

　コミュニケーションの正確さを確認するために、ときどき来談者に要点をまとめてもらいましょう。

受容するときのコミュニケーション

　通訳者の話を聞いている間、来談者を見ていましょう。

　はっきりしないときは、（通訳者ではなく）来談者に説明を求めましょう。

　正確を期するために、来談者の話の内容を要約しましょう。

（Barnett 2002a、696 ページ）

音声言語を使用する難聴者に関する認識

挨拶

　来談者に、どんなコミュニケーション手段が一番良いか、尋ねましょう。

環境

　周囲の騒音を最小限にしましょう。

　(医療従事者の) 顔が十分に明るく照らされているようにしましょう。

表現するときのコミュニケーション

　話す前に視線を合わせましょう。

　口元が (手、ペン、カルテなどで) 隠れないようにしましょう。

　必要であれば、声の高さを調整しましょう。

　話題を変えるときは、事前にはっきりと伝えましょう。

　情報が理解されない場合は繰り返しましょう。それでも理解できていない場合は別の表現で言い換えましょう。

　有効であれば、聞きとりの補助となるもの (例：補聴器、ノートテイカー) を使いましょう。

　筆談メモは有効です。

　コミュニケーションの質について、ときどき来談者に確かめましょう。

　コミュニケーションの正確さを確認するために、ときどき来談者に要点をまとめてもらいましょう。

受容するときのコミュニケーション

　はっきりしないときは、来談者に繰り返してもらうか、説明してもらいましょう。

　理解を確認するために、来談者が述べた内容を復唱しましょう。

> それでもまだはっきりしないときは、筆談が役立つかもしれません。
>
> 正確を期するために、来談者の話の内容を要約しましょう。
>
> （Barnett 2002a、695〜696ページ）

事例研究
医療従事者の顔を見ることの重要性

ヘレンは、彼女にとって初めての子どもを出産するため、地域の病院の分娩室にいました。産科医は、彼女の分娩が進行しないので緊急の帝王切開が必要だと判断しました。

ヘレンは、ベッドで手術室に運ばれ、医療スタッフは手術着を付け始めました。産科医と麻酔医は、彼女が中等度聴覚障害で今まで読唇していたことを知らず、2人ともマスクをつけました。

緊急事態にあり、世話をしてくれる重要な2人の医療従事者とのコミュニケーションが突然できなくなったことで、ヘレンの恐怖感は増大しました。

ヘレンは、麻酔医が話している内容を理解できなかったので、麻酔を受け入れることに同意することができませんでした。ヘレンの夫が入ってきて、医者にマスクを外すように要請したときに、彼らはこのことの重大性に初めて気づきました。

解説

手術室にいる看護師の1人が、率先してヘレンの見えるところに立ち、医者が言っていることを、はっきりした口型で繰り返すこともできたはずです。子どもが無事に生まれることと、母親の安全を確保することが最優先される、このような緊急事

> 態では、コミュニケーションの配慮に、あまり時間はかけられません。しかしながら、ヘレンが主体的に医療に参加し続けられるようにするために、スタッフがヘレンと対面して話しかける時間をとることはできたはずです。緊急事態が発生する前に、医療従事者はヘレンの聴覚障害の程度を注記しておくべきでした。

ろう・難聴についての認識を深める研修に加えて、ろう・難聴に対する平等性を備えるための研修もあります。これは、障害者法の要求に合致することを重視しています。依頼人それぞれの必要性に合わせて、支援に関する研修を調整して提供する団体もあります（巻末のウェブサイトを参照のこと）。たとえば、英国の障害者差別禁止法に従うために何を提供する必要があるかについての研修内容は、医療の実務管理者と、診察所（病院）の受付係とでは、少し違ったものになります。

医療現場におけるコミュニケーション

> 　障害者法に従うために、医療サービス提供者は、来談者のコミュニケーションの要求に応えられるように、あらゆることを試みなければなりません。これには補聴器装用者のための誘導ループ設置にお金をかけること、文字データや電子メールによる予約を受けつけること、オンラインによる通訳者の提供などの、ろう・難聴者のためのさまざまなサービスを提供することが含まれます。

単に手話ができる人に通訳を依頼するのではなく、好ましい通訳者を使うことも意味します。以下に説明するように、通訳者と、手

話や手指音声言語を使用する人、口話通訳者、ノートテイカー、音声を文字化する人などのコミュニケーション支援者との間には大きな違いがあります。当該の来談者に合った支援方法を選ぶことが重要です。

来談者は、通訳者の好みのタイプについて相談を受けるだけでなく、可能であれば、通訳者の名前を教えてもらうことも大切なことです。通訳者は、ろう社会の間ではよく知られている存在であり（彼らの中には親がろう・難聴の人もいます）、とりわけ受診の際には、知り合いの通訳者をつけるのを好むろう・難聴者もいます。

逆に、全く知らない人を通訳者とするのを強く希望する人もいます。自分で通訳者を予約して連れてくるのを好むろう・難聴者もいます。また、たとえば産婦人科での受診のように、性別によって通訳者を好むこともあります。

> 医療支援は、通訳者への謝金、交通費、そして代理店を利用した場合は、その予約にかかる費用を常に負担する必要があります。

ろう・難聴の家族の中の聞こえる子どもが、非公式に親のために通訳をすることがよくあります。親の恣意、あるいは通訳に関する知識のなさから子どもを通訳者として選んでいるのですが、医療従事者はこうしたことがなるべく起こらないようにするべきです。16歳以下のどの子どもも、自身の個性を磨き、ろう・難聴者と聴者の世界におけるバランスを調整していくべき時期なので、精神的に健全な発達が最大限に守られるべきです（Myers and Marcus 1993 in Israel 1995）。また、子どもを通訳としてつけることは、親に偏った情報を与える可能性もあります（Barnett 2002a）。子どもは、親を守りたいと思い、何らかの情報を隠そうとするかもしれないからです。

ろう・難聴の親が、子どもの前で、慎重に扱うべき情報を開示したくないと望むこともあるかもしれません。

> 医療従事者は、受診の際にどんなコミュニケーション手段が望ましいか尋ねる必要があり、それを実現するよう努力する法的義務を負っています。

通訳者のタイプとコミュニケーション支援

ろう・難聴の来談者のコミュニケーション支援として利用されている情報の通訳には、さまざまな方法があります。たとえば、手話通訳者は、手話もしくは手指音声言語と音声の間の情報を通訳します。また、口話通訳者のような「コミュニケーション支援者」が音声言語をよりわかりやすい音声言語に変えることができますし、音声－文字速記機が音声を文字情報に変換します。

最後に、ろう・難聴者によるリレー通訳者があげられますが、これは聴者の通訳者により表現された手話を、来談者に合わせてあつらえた手話に変換する通訳者です。これは、特に医学に関する知識や用語をほとんど知らないろう・難聴者のため、もしくは視覚障害もあって、視覚障害者の通訳をした経験がない通訳者の手話についてゆくことができないろう・難聴の来談者のためにおおいに役立つと考えられています。臨床医学者が話している内容を、聴者の通訳者が手話にて通訳し、それをろう・難聴者の通訳者が読みとり、よりわかりやすい手話に通訳するという方法で成り立ちます。ろう・難聴者によるリレー通訳者が役立つのは、通訳者がろう・難聴の来談者個々人が手話をどう受けとるかについての知識と理解が通訳者にあるからです。

通訳者と一緒に仕事をすること

　通訳者は、さまざまな場面、たとえば、社会事業、法律制度、劇場での手話による上演などで仕事をしているので、医療現場でも快適に通訳できるような状態にさせておくことをはっきりさせておくことは極めて重要です。

> 　もし、医療従事者が通訳者をつけた経験がないもしくは診察のために予約した特定の通訳者をつけた経験がない場合は、通訳者と直接もしくは電話で診察の内容について事前に話し合っておくことが大切です。

　使用する予定でいる言葉について通訳者が理解し、その言葉の手話表現を練習できるようにしておくことは大切です。医療従事者は、ろう・難聴の来談者についてのこまごまとした個人的医療情報を診察の前に明かす必要はありません。しかしながら、驚くような内容、もしくは予期しないような情報を伝えるときには、このことを通訳者にあらかじめ伝えておくことで、通訳者も医療従事者が意図したとおりに明確に伝える準備ができます。

> 　通訳者と一緒に仕事をするときに、医療従事者は、言語や身振りの全部が、自分の使ったのと同じ調子、同じ語調の変化で一語一語、概念から概念へと訳されるのではないということを念頭に置いておくことが大切です。

　通訳の過程では何らかの変化が起こりがちなので、通訳者と来談者が自分の話についていけているかどうか、また、ゆっくり話した方が良いかどうかを確認するために、通訳者から目を離さないことが重要です。話題を変えるときは、少し間を置くことで、通訳者は

追いつき、内容が変わったことを来談者に示すことができます。聴者の医療従事者は、意図する内容が明瞭に伝わるように、通訳者とともに仕事をしているという認識をもつ必要があります。

> 通訳者を味方または代弁者であると見て、通訳者に支援や慰めを求めるようなろう・難聴の来談者は、珍しくありません。これは通訳者の役割ではなく、医療現場において、必要なときに来談者を支援する立場にあるのは医療従事者の方です。

手話を音声に通訳する過程は、使用されている手話単語と表情（文法に関した情報を提供している場合もある）、および手と体の空間的な位置を読みとる複雑な過程を含んでいます。通訳者は、音声言語によるメッセージをわかりやすくするために、手話の「隙間を埋める」ことが必要になることがあります。

> 未経験の通訳者は、傷つきやすい来談者からの、支えて欲しいという無意識の圧力に屈してしまい、ろう・難聴の来談者が手話で話している内容が意味をなすようにしようと、いつもより多く隙間を埋めようとすることがあります。しかしながら、当該のろう・難聴の来談者が、精神保健や心理面での問題をもっている場合は、隙間を埋めずに、ろう・難聴の来談者が手話で表現していることをできるだけそのまま訳すことが非常に重要です。

こういった理由から、この課題について診察の前に話し合っておくこと、また来談者が出ていった後、来談者が混乱したり、わかりにくい表現をしていると感じていたかどうか、通訳者に確認するための報告を聞く時間をもつことも、医療従事者にとって大切です。

英国王立ろう・難聴研究所と英国ろう・難聴協会は、通訳者とのかかわり方についてのさまざまな概要報告書を提供しています（www.rnid.org.uk、www.bda.org.ukを参照のこと）。以下の項は、この情報をもとにしており、著作権はその団体にあります。

　英国ではほとんどの病院が、取引のある代理店を通して登録されている通訳者に接触します。しかしながら、地域にいる自由契約の通訳者を知り、利用することが本来は望ましいのです。彼らが請求する金額は、たいてい代理店より少ないです。代理店は診察ごとに違う通訳者を派遣することが多いですが、地域にいる自由契約の通訳者を知っていれば、強い人間関係を築き、何が本当に求められているかについてより多くの知識の基盤を得る機会がもてます。30分以上かかると予想される診察には、仕事の性質上2人以上の通訳者が必要です。通常、通訳者は30分ごとに休憩をとる必要があります。

> 　来談者が到着する前に、通訳者と診察内容について話し合うことに加え、診察室内の席の配置についての話し合いもしておきましょう。音響や、通訳者と医療従事者が影の中に入らないような照明の位置に対して配慮し、手を動かすのに十分な空間があり、医療従事者と通訳者が同時にはっきりと見えるようにすることが必要です。

　英国ろう・難聴協会は、医療従事者に手話通訳の予約は遅くとも8週間前にはしておくことを推奨しています。もしその期間を過ぎてしまうと、通訳者はすでに他の予約が入っていることが多いのです。また、通訳者は、診察前に一般的な問題の概要についての話し合いに加えて、診察に参加する人の人数とそのうちの何人がろう・難聴者であるかを把握しておく必要があります。また、英国ろう・

難聴協会は、通訳者をつけるにあたり、以下の規定に従うことを推奨しています（英国ろう・難聴協会 2005）。

- ろう・難聴者に直接話すこと。
  正解：「今日、ここに来るのは大変でしたか？」
  不正解：「今日、ここに来るのが大変だったかどうか、彼／彼女に聞いてください」
- 話し側の通訳は「ボイスオーバー」と呼ばれ、常に一人称を使います。
  例）「あなたの指示がわかりやすかったので、来るのに苦労しませんでした」。ろう・難聴者は、通訳者の声を通しながら「話して」います。
- 通訳者ではなく、ろう・難聴者を見ること。目をそらさないことで、直接コミュニケーションをとっていることをより強く感じることができます。
- 通訳者は、会話に参加せず、公正であること。コミュニケーションをとっている間、通訳者の意見や助言を求めたりしてはいけません。
- 通訳者は、ろう・難聴者がコミュニケーションに完全に参加することができるように聞いた内容を伝達します。皆に知られたくないことは、口に出さないこと。
- 通訳者は、繰り返しや説明が必要なときは、途中で話をさえぎることがあります。同様に、医療従事者も、はっきりしないときは、ろう・難聴者に繰り返しや言い換えを求めることもできます。もし、通訳者が誤解したか、何か間違っていると感じたら、話を戻して確認することは良いことです。
- できれば、話す人の近くに通訳者を位置させ、ろう・難聴

者がはっきりと見やすいようにしましょう。通訳者はよく照明を当てられる必要がありますが、逆光はいけません。明るい窓の前に配置しないようにしましょう。
- 話している間、ろう・難聴者が自分を見ていなくても気分を害さないようにしましょう。通訳者を見ています。
- 通訳者は、どのコミュニケーションでも言えることですが、同時に1人の人の手話を見たり、話しているのを聞いたりすることしかできないので、互いの話がかぶらないよう、順番に話すように心がけましょう。
- 普通のペースではっきりと話すようにしましょう。通訳はほぼ同時になされますが、通訳者が語句の解釈をするのに時間をとるために少々遅れることがあります。通常の話し方が早口であれば、少しゆっくり話すようにしましょう（通訳者が助言をしてくれるでしょう）。ろう・難聴者が答えたり質問したりすることができる時間をとりましょう。
- 評価的措置として、事後に、ろう・難聴者が通訳に満足したかどうか、同じ通訳者をつけたいかどうか確認をとりましょう。もし、改善のために提案することがあれば、通訳者や代理店に伝えましょう。

（英国ろう・難聴協会 2005）

- 通訳者は、たとえば英国の団体「シグネチャー（Signature）」（以前はろう者のためのコミュニケーション振興評議会として知られていました）など、認定された資格をとるために、何年もの経験を積み重ねてきた優れた専門家です。
- 中には、そうした基準を満たしておらず、イギリス手話レベル2（中級）を達成し、簡単な会話の通訳ができるだけで、通訳ができると標榜する人がいます。このような段階の手話

使用者は、医療相談における通訳としてはふさわしくなく、「通訳者」と名乗るべきではありません。
- ろう・難聴者、盲聾者のためのコミュニケーション専門家における全英登録協会（イングランド、ウェールズ、北アイルランドからの通訳者とかかわりをもつ）により登録された通訳者を予約することが大切です。他の国にも同様の通訳登録制があります。
- 「シグネチャー」では、英国の資格をもつ通訳者、コミュニケーション支援専門家の名簿をオンラインで提供しており（www.signature.org.ukを参照してください）、これらにはイギリス手話／英語通訳者、口話通訳者、音声から文字データへ変換する人、電子もしくは手書きによるノートテイカー、盲聾者のための通訳LSPsが含まれます。この最後のコミュニケーションは、「盲聾者の指文字」を使って、盲聾者の手に単語や視覚的情報を綴ることを含みます。それぞれの分野に資格制度と、専門家の登録があります。世界中に同様の組織があるようです。

> 英国でイギリス手話／英語通訳登録者を探す場合、新参者や研修生ではなく、正会員を選ぶようにしましょう。正会員は、医療サービスで起こりうる配慮を要する状況でも働いた経験があるでしょう。

口話通訳者

口話通訳者は、後天的に聴力を失った人、もしくは難聴者で音声でコミュニケーションをとるのを好む人を支援するための「コミュニケーション支援専門家」です。声を出さずに口を動かして、聴者が話している内容を伝えます。はっきりとした唇の形を見せ、指文

字を付け加えたり、1文字だけ指文字を用いたりすることもあります。日常の生活の中では、1分間に200語が話されており、読唇で言われたことをすべて取りこむのは難しいことです。口話通訳者は、意味が同じでも少ない言葉数で表現します。他のコミュニケーション支援と同様に、熟練と広範囲な訓練が必要です。

筆記に基づくコミュニケーション支援

　英国王立ろう・難聴研究所は、ろう・難聴者のためのコミュニケーション支援の選択肢を連載した、情報のパンフレットを作りました（www.rnid.org.ukを参照のこと）。次の章は、英国王立ろう・難聴研究所が発行したいくつかのパンフレットのまとめであり、研究所の功績です。

　音声を筆記に訳すには、さまざまな手段があります。電子ノートテイク機は、音声による会話の概要をパソコンに打ち込むものであり、すべての言葉が筆記されることはありません。たいてい、話の内容が筆記文字として表示されるまでに時間のずれがあります。別のパソコンを電子ノートテイク機につなげることで、ろう・難聴者が筆記による会話に参加することができるかもしれません。英国では、筆記通訳者が英国王立ろう・難聴研究所が所有しているスピードテキスト（SpeedText）を使用する場合は、要約せずに一語一語タイプされるので、時間に遅れることなく、リアルタイムで会話ができます。

　音声−文字速記機（Speech-to-text reporters、STTRs）は単語を発音どおりにコンピュータープログラムに打ち込むので、完全な書き言葉に変換されます。追いつくには速読の力が必要ですが、テキストを遅れることなく配信することができます。STTRsは英国では「パランタイプ（Palantype）」または「ステノグラフ（Stenograph）」が使用されています。これら二つはSTTRが使う特殊なキーボードと連動

するソフトウェアの商品名です。

　通訳領域において、口話通訳者もしくはその他の通訳をする人、たとえば音声英語を他の英語の形に訳する人たちが、正確に「通訳」と言えるかどうかについての議論があります。口話通訳者や筆記通訳者がしていることは、もとの英語を違う形の英語で表現することですが、一方で、たとえばイギリス手話を音声に変えるときに、通訳者は、適切な手話に加えて、表情や体の動きも読みとって正確な翻訳結果を出す能力を発揮します。

オンライン通訳者

> 　現場で通訳するのが不可能なとき、もしくは予約しておいた通訳者が突然キャンセルした場合や、直前になって診察の予約をした場合、オンラインの通訳が役に立ちます。これは通訳者が現場で通訳する形の代わりになるとは言えませんが、通訳者がいないよりはましです。医療従事者に必要なものは、パソコンとウェブカメラ、そしてテレビ電話と接続していることです。

　インターネットを通して通訳者に接触するには、生のオンライン通訳者を提供する会社があります（詳細について本の最後に掲載されているウェブサイトを参照のこと）。

電話を通してのコミュニケーション

　電話リレーシステム（たとえば英国のテキストリレー（Text Relay））は、聴者からの音声をテキストに打ち込み、その内容をミニコム、またはパソコンを通してろう・難聴者に伝達するオペレーターを使います。ミニコムは、音声の代わりにテキストを利用する電話のことで、ろう・難聴者の中にはいまだに使用している人もいます（特に年上

の世代)。過去 20 年間に、ろう・難聴者のコミュニケーションの可能性を広げる技術の大きな進展が見られました（ハーキンズとバッキー（Harkins and Bakke 2003）による概要を参照のこと）。この技術は医療においても取りこまれるべきであり、もっと大切なことは、選択肢が与えられることです。

> ろう・難聴者が、非常に高度なレベルの科学技術リテラシーをもっていることは珍しくありません。たとえば、常日頃アイフォン（iPhone）やブラックベリー（Blackberry）により移動先で電子メールのチェックをしたり、家でインターネットやウェブカメラを利用したりすることがあります。振動による着信お知らせによってテキストのメッセージを受けとることは日常生活の一部であり、マイクロソフトネットワーク（MSN）メッセンジャー、スカイプ、サイトスピード（Sightspeed、ビデオによる会議の設備）のようなテレビ電話、ビデオメッセンジャーは、ろう・難聴の来談者とコンピューターを介してよりコンタクトしやすい方法を提供しています。

音声認識ソフトウェア

医療現場における音声認識ソフトウェアの利用は、急速に普及してきています。技術が進歩するに従い、より広く使用されるでしょう。これは、医療従事者がその場で書き取ったり診察後のノートに書き込んだりすることができるだけでなく、実際の診察において何が言われているか聞きとることが難しい来談者にも役立ちます。やっておくべきことは、来談者が見やすいようにパソコンの画面を配置すること、窓や頭上からの光からのまぶしさを減らすこと、読みやすい大きさの文字に調整することです。

第 3 章

ろう・難聴の来談者とかかわる専門家の課題

アンナ・ミドルトン

医学モデルか文化モデルか

医学モデル

- 聴覚障害を、治療を要する、耳の内部の医療的問題として「病理学」すなわち「医学」モデルの視点からとらえます。
- 医療従事者は、ろう・難聴の来談者は治療を望んでいることを前提にして、補聴器や人工内耳の必要性を確認しながら、聴覚障害に対して医学的アプローチをとる傾向があります。

事例研究

障害として見られる聴力損失

　バーニスは、50歳後半ですが、子どものときから聴力を失い始め、難聴者として聴者の世界で育ってきました。会話の際は音声で話しますが、たいていの人（彼女のことをあまり知らない人）は、彼女の話す内容を理解できていないだろうと感じていました。彼女の子ども時代には、ろう・難聴児は手話ではなく音声に集中しないと認知的な発達はないと見られており、また当時は、手話は妥当な表現とはみなされていなかったために、手話を学ぶ機会はありませんでした。バーニスは、自分が聞こえないことは障害であると強くとらえており、補聴器の検査と評価をしてもらうために地域にある聴覚部門へ定期的に通っていました。補聴器は、彼女にとって頼みの綱であり、補聴器なしでは全くコミュニケーションをとることができないと感じていました。

解説

バーニスは、自分の聴覚障害を医学モデルから見ています。聴覚障害を治療することができる医療従事者を求めています。もはや手話が認知発達に負の影響を与えることはないという事実にもかかわらず、バーニスのように、手話を使用することを完全に避けたり、手話で話しかけられたりしたらうろたえてしまう人もいます。

事 例 研 究

人工内耳の装用

ディーパクは、重度感音性聴覚障害をもち、最近、ますます重度化してきました。彼は、20歳の半ば頃、初めて聴力に障害があることに気づき、50代になった今、完全に聞こえなくなってしまいました。もはや彼は補聴器からは何も得ることができず、ますます孤立を感じるようになりました。

ディーパクの耳鼻咽喉科医は、彼は人工内耳装用の理想的な候補者であると言いました。彼の家族と話し合った結果、彼は何も失うことはないと決断し、手術を受けることにしました。手術は大成功で、彼は再び聴くことを習い覚え、音のある生活に慣れていきました。彼は、言語療法士から何回も訓練を受け、時が経つにつれて、聴力を失う前と同様の発声ができるまでになりました。脳が音の処理の仕方を思い出し、再び覚え始めました。ディーパクは、彼の障害が治療されたことを喜び、再び聴者の世界でうまくやっていけると感じています。

文化モデル

- 文化、あるいは言語モデルは、聴覚障害を違った見方でとらえられるとしています。ここでは、ろう・難聴であることは、アイデンティティと結びついていて、その国の手話言語の使用によって定義されます。
- 文化モデルにおいては、聴覚障害は医学的な問題ではなく、むしろ生き方そのものなのです。

> 「文化的ろう者」である人々（大文字Dで書かれるDeaf）は、自分たちが障害をもっているのではなく、障害の要因になっているのは社会の態度であると感じています。

- ろう者は手話を使用することから来る強いアイデンティティをもち、他のろう者と社交や仕事で行動をともにすることが多いです。
- 英国では5万～7万人が第一言語、または好ましい言語として、イギリス手話を使用していると考えられていますので、その数の人たちが自分たちは「文化的ろう者」であると認識していることになります（RNID 2008）。
- 手話が第一言語である聴覚障害の強い家族歴をもつことが、しばしば、ろうのアイデンティティや、ろう社会の一員としての感覚を引き起こすもとになっています。

> 「ろう文化」は各国にあり、たとえば、英国、米国、オランダ、スウェーデン、ノルウェー、ドイツ、オーストラリアには、活気に満ちたろう社会があります。

- 英国では、ろう社会は手話社会とも呼ばれています。
- 聴力の測定値は、ろう社会の一員になる決定要因にはなりません（Woll and Ladd 2003）。しかしながら、多くの文化的ろう者は先天性または早発性の重度聴覚障害をもっており、そのために手話を使用します。逆に、この聴力測定値をもとに聴者の世界に同化する方を好む人たちもいます。
- 90%のろう者は、配偶者に他のろう者を選びます。
- ろうのアイデンティティを肯定的にとらえている家族は、彼らの文化や言語が次の世代に引き継がれるように、ろうの子どもをもつ方を好むかもしれません。
- ろうの子どもだけをもつろう夫婦の70%は、コネキシン26（GJB2）遺伝子の変異によって、ろう者になったと考えられます。

> ろう者は、自分の聴覚障害が遺伝によるものなのかどうか、そうであればどのように遺伝したか、また子どもに引き継がれる可能性がどれくらいあるのかについて、興味をもつことがあります（Arnos, Israel et al. 1992）。しかしながら、こういった情報を得るための臨床遺伝子のような医療サービスを受けるケースがほとんどありません（ケンブリッジにある東アングリア臨床遺伝サービスならびにカーディフにある全ウェールズ医療遺伝サービスからの私信 2008）。

事例研究

アイデンティティと見られる聴覚障害

ミランダは、文化的ろう者であり、好む言語として手話を使い、自分が聴覚障害であることを問題であるとはとらえていま

せんでした。彼女は読話に優れ、発話が明瞭で、医療従事者と十分にコミュニケーションをとることができました。

彼女は、妊娠したことを知り、主治医に診察を受けに行きました。彼女は妊娠したことにわくわくしていました。初めて産む子どもでもあるので主治医に妊娠管理や次の段階でしなければならないことについて尋ねたいと思っていました。

主治医は、ミランダを迎え入れ、妊娠を祝福してくれました。しばらくして主治医は聴覚障害の家族歴があるかどうか尋ねたところ、ミランダは自分は4代続いている聴覚障害の家系の出身であることを堂々と伝えました。

主治医は、ミランダに生まれてくる子どももろう・難聴の可能性があることを打ち明け、心配そうな口調でそのことを考えたことがあるか尋ねました。ミランダは「もちろんです！」と答え、生まれてくる子どもがろう・難聴であることは、他の家族と同じであるから構わない、むしろろう・難聴の子どもをもつ方が良いと伝えました。

主治医は、明らかに衝撃を受け、ミランダが自分の障害を子どもにも引き継ぎたいと思うなんて信じられないと伝えました。ミランダは、自分の聴覚障害が障害であるとは思っていないこと、ろうであることは問題ではないことを話しました。

主治医は戸惑ったように見え、それを見たミランダは叱咤され、誤解されていると感じました。ミランダは、ろう者がろう者独特の歴史や言語、そしてコミュニティがあることを誇りに思っていることを、どうして主治医はわからないのだろうと思いました。ミランダは、消沈しがっかりしたまま、診察室を出ました。

> **解説**
>
> ろう者がろうの子どもをもちたいと思うことは珍しいことではありません。多くの家系が、幾世代もの聴覚障害をもち、このことを心から誇りに思っています。研究によれば、ろう・難聴の親をもつろう・難聴の子どもは、聴者の家族に生まれたろう・難聴の子どもと比べて、学業成績においても、就業や、心理的機能の面においても、優れていることが示されています。

ろう・難聴の家族の中には、ろう・難聴の子どもをもつのを好み、新しい家族の一員としてろう・難聴の赤ちゃんが生まれてくるのを喜ぶことはよく知られています（Hoffmeister 1985、Dolnick 1993、Erting 1994、Middleton, Hewison et al. 1998）。しかしながら、ろう・難聴に関する知識や経験をもたず、ろう・難聴のある赤ちゃんをもつことを予測していなかった聴者の家族にとって、ろう・難聴の赤ちゃんが生まれることは、打ちのめされることでしょう。両親は、望んでいた子どもをもつ機会を失ったという深い悲しみを覚えるかもしれませんが、聞くことができない子どもを育てることに折り合いをつけて新たな思考様式を受け入れる必要があります。

事例研究
新たな診断による衝撃

ジェリックとアレサは、2人とも聴者でした。彼らには聴覚障害の家族歴はなく、ろう・難聴者についての知識も全くもち合わせていませんでした。彼らは20代前半であり、仲間内では初めての妊娠でした。双方の両親にとっても初孫であり、大きな期待と興奮で待ち望まれていました。

可愛い女の赤ちゃんを出産した後、まだ入院している間に、

> アレサは赤ちゃんの聴力検査に同意しました。彼女はまもなく、赤ちゃんが重度の聴覚障害をもち、今後さらなる検査が必要であろうと言われました。アレサとジェリックは、徹底的に打ちのめされました。彼らの赤ちゃんに「完璧」以外の何かであるなどということは全く思い描いていなかったからです。彼らは子どもをもつということにようやく慣れてきたところで、ましてや知覚的に特別支援が必要な赤ちゃんをもつことには想定外でした。彼らは思い描いていた子どもをもてなかったことに呆然とし、嘆き悲しみました。当初予想していたような家庭になることはもうないということを受け入れるのに2人とも長い時間がかかりました。時が経つにつれ、彼らの美しい赤ちゃんは、それでも彼らにとってかけがえのない子どもであること、そして彼ら自身のために新しい未来を築き上げていく必要があることを受け入れ始めたのでした。

医療従事者は、ろう・難聴者の中には、ろう・難聴の子どもをもつことを望む人もいれば、聞こえる子どもをもつことを望む人もいることを知っておく必要があります。聴覚障害が除去されることを望む人もいれば、その考え方に反対する人もいます。

ろう・難聴、優生学、遺伝学に対する歴史的背景

> 聴覚障害の遺伝に関する知識を利用しようという数多くの企てがここ数百年間にわたってなされ、ろう・難聴者の再生産に否定的な影響を与えてきました。

すべてのろう・難聴の夫婦からろう・難聴のある子どもが生まれ

るという憶測（誤った仮説）は、歴史の全時代を通して、優生学者に、ろう・難聴の夫婦に子どもを産ませないようにしようとする方針をもたせることになりました。よく知られている主唱者の1人に、アレクサンダー・グラハム・ベル（電話の発明者で、優生学運動のリーダーでもありました）がいます。彼は 1883 年に「聾者という人類の変種の形成についての覚書」（訳注：和訳書『聾の経験—18 世紀における「手話」の発見』東京電機大学出版局（2000）pp.377-395 を参照）を著し、これを米国科学アカデミーで発表しました。この研究において、彼は、ろう・難聴者は、ろう・難聴者同士ではなく、聴者と結婚するべきだ、そうすれば社会の聴覚障害者を減らすことができると提案しました（Bell 1883）。彼は、実際はろう・難聴者に対して協力的でしたが、自身の妻と母が聴覚障害者であった経験から、ぜひとも除去すべきものは障害であると信じるようになり、社会のためになることをしているつもりでいました。しかしながら、今日では、彼の見方はろう社会に非常に否定的な影響を与えたと位置づけられ、優生学に関した問題が出てくると、よく話題になります。

> ろう社会を脅かしたもう一つの歴史的に重大な意味をもつ出来事に、第二次世界大戦中のナチスの優生政策があります。1万7000人のろう・難聴者がナチス政策による「オペレーションT4」の標的となり、ろう・難聴の子どもと成人は、ろう・難聴のある子どもを産まないように断種されたり、殺害されたりしました（Biesold 1999 in Schuchman 2004）。

これら二つの出来事は、ろう・難聴者はろう・難聴のある子どもを産むという誤った推測から起きたものです。実際、劣性遺伝性聴覚障害は遺伝性聴覚障害の最も典型的なものですが、90％のろう・難聴者は聴者の両親から生まれます。特定の人に子どもを産ませな

いようにする遺伝子技術や遺伝子情報を利用することにより人類が「改善される」という思想は、「優生学」の保護のもとにやってきます。多くのろう・難聴者は、現代の遺伝子サービスが同様の優生思想に従っているのではないかと誤解しています。実際、ろう・難聴者に対し、今日の遺伝子サービスについての見解を尋ねると、出生前スクリーニングと聴覚障害に対する選択的中絶の問題がよくあがって来ます。筆者による最近の研究に参加した人々によって、今日の遺伝子カウンセリングサービスの目的について大きな誤解をしていることが示されました。現在のサービスの本来の精神は、たとえば聴覚障害の出生前診断を受けるよう、助言を与えたり、特別な行動を起こすように勧めることではありません。実際、聴覚障害の出生前診断が遺伝子サービスで依頼されることはほとんどありません。多くのろう・難聴者が、聴覚障害の遺伝子検査はろう・難聴者の価値を下げると、とらえています（Middleton, Hewison et al. 1998）。

> 医療従事者は、今日の遺伝子サービスが置かれている歴史的背景を認識し、ろう・難聴者の中には、遺伝子カウンセリングに過去の優生思想との関連性を感じる人たちがいることを、認識しておく必要があります。

ろう・難聴者の中には、医学モデルの視点から聴覚障害を見ることについて神経質になっている人がおり、すべての医療従事者はこれについて理解しておくことが極めて大切です。これは、ろう・難聴者の中に、めったに医療を受けたがらない人がいる原因の一つである可能性があると考えられます。

ろう・難聴者にやさしい遺伝子サービスの提供

遺伝子チームのメンバーは、すでに述べた一般的な指針に加えて、

ろう・難聴について認識を深める研修を受けることが大切です。現時点では、成人のろう・難聴者が、遺伝子カウンセリングサービスを受けることはほとんどありません。それは最近の研究によって明らかになった、サービス利用における問題が原因です。サービス利用における問題が解決すれば、成人ろう・難聴者はもっと遺伝子カウンセリングを受けに来て、聴覚障害についてだけでなく、彼らの家族歴に関連した状況についても話し合うようになるのではないでしょうか。スタッフは、このような来談者グループへの適切な対応の仕方を知っておくことが大切です。

遺伝子サービスにかかわるスタッフへの研修の推奨

- 遺伝子専門家は、ろう・難聴者が、なぜ自分がろう・難聴であるのか、そしてそれが彼らの子どもにも引き継がれていくのかどうかに関心がある、ということを認識する必要があります。
- 遺伝子専門家は、ろう・難聴者が、聴覚障害以外の状況について知るために、遺伝子カウンセリングを受けることに興味をもっていることを認識する必要があります。
- 各遺伝子部門で最低限、管理部門の1人と臨床スタッフの1人がろう・難聴について認識を深める十分な研修を受けることを奨励します。この研修はろう・難聴の当事者によってなされるべきですが、それが難しい場合は、相当程度の観点をろう・難聴者から受け継いでいる人によってなされるべきです。
- ろう・難聴者を定期的に診察している（たとえば、月1回程度）遺伝子専門家は全員、ろう・難聴について認識を深める研修を受けるべきです。

- 手話を使用するろう・難聴者を頻繁に（たとえば、月1回または週1回程度）診察している遺伝子チームの少なくとも1人（たとえばろう・難聴クリニック専門家の一員）は、少なくとも基礎的なレベルの手話研修講座を受けるべきです。
- ろう・難聴者を専門にしていて、手話を使用するろう・難聴者を頻繁に診察する遺伝子専門家は、手話に流暢になることを目指し、手話で診察ができるようになるべきです。

どの医療相談に関しても考慮すべき実務的事柄

それぞれの医療部門は、テキストメッセージや電子メールの使用による予約や電話リレーサービスに確実に慣れておくなどの、診療への参加に関する実務的事柄について話し合っておくべきです。

診察の時間調整

音声を手話に同時に通訳することは難しいので、通訳者を介する診察は、通訳者なしのときより長めの時間がかかると考えられます。医療従事者が、早口で話したり、ややこしい内容を伝えたりしている場合は特に、「追いつく」のに時間がかかってしまうことがよくあります。ですから、医療従事者は、2分か3分程度で話を区切ることが大切で、話題が変わるたびにこうすると良いでしょう。

医療従事者が、ろう・難聴者のことを熟知すれば、話したい内容の主要部を繰り返したり、要約したり、理解しているかどうか確認するようになります。このことは、通訳を介する診察にも、音声言語を用いる難聴者に応対するときにもあてはまり

> ます。音声を使用する難聴者も同じ配慮を必要としているからです。

音声を使用する来談者は医療従事者に、はっきりとした（できればゆっくりとした）話し声に、手書きのメモ、または、あれば電子ノート（前章で述べたノートテイクを参照のこと）も交えることを求めるかもしれません。音声を使用する難聴者は、読唇するにしても、書かれた文字を読むにしても目を向けてから視線を戻すのに、時間がかかります。

> 医療従事者が発する話を、ろう・難聴の来談者が見ていなければ、意味はありません。筆談の内容に視線を移してから、再度医療従事者と目を合わせるのにかかる時間をとるために、たびたび話を区切ることが大切です。

事例研究
高齢の難聴者とのコミュニケーション

イヴァンナは、80代であり、20年前から次第に聞こえにくくなりました。今では重度聴覚障害になり、補聴器はつけていません。彼女は、手の骨折が治ってから6週間後、理学療法の予約をして治療を受けました。コミュニケーション支援をつけずに普通の会話をすることができませんでしたので、理学療法士はイヴァンナとコミュニケーションをとる方法を注意深く検討する必要がありました。

理学療法士は、明かりをつけた状態でイヴァンナの前に座り、自分の顔がはっきり見えるようにしました。また、騒音が入らない静かな途中で邪魔が入らない所でイヴァンナに会うように

> しました。そして、普段より少しゆっくり（恩着せがましく、苦労している感じにならないように）、大きめの声で話しました。そして、話す内容を図や文字でメモして補助できるように鉛筆と紙をもって、話している間に顔をそらしたり、口を覆ったりしないように気をつけました。彼女は、ときどきイヴァンナに会話の内容を理解しているかどうか尋ね、彼女が話した内容を頻繁に要約しました。

　読唇しながら通訳やノートテイカーについてゆくといった、さまざまなコミュニケーションの組み合わせについてゆくのは、骨が折れる作業なので、診察を長引かせないようにすることも大切です。
　ろう・難聴者の来談者の1回の診察に1時間30分かけるよりは、45分の診察を2回する方が望ましいです。逆に、診察の予約時間が10分刻みである場合は、コミュニケーションの問題を解決するために、ろう・難聴者に対しては2倍の時間が必要と思った方が良いでしょう。

> 　ろう・難聴者への診察には追加の時間が必要になることがあり、そのときに有効活用できるように、予約システムに柔軟性をもたせることは、医療従事者にとって重要です。

言葉遣い

　気配りのある医療従事者なら誰でも、どの来談者に対しても言葉遣いに配慮するものです。このことはろう・難聴に対しては特に大切です。なぜなら、ろう・難聴者の見解が一様ではないからです。ろう・難聴を障害と思っていない人もいれば、障害と思っている人もいますし、ある人にとっての重要性は他の人より深刻かもしれないからです。ですので、価値判断を伴った言い方を避けるべきです。

たとえば、ろう・難聴の子どもをもったばかりの親に対して、「お子さんは残念ながら聴覚障害をもっています」ということは、その家族がろう・難聴をもつことが世の中の終わりの印であるととらえていないのであれば、本当に行きすぎたことです。逆に、ろう・難聴者が、ろう・難聴を完全な悲劇としてとらえていないと憶測することもあってはなりません。以下のような逆の言い方も不適切です。「一つ問題があるとすれば、あなたのお子さんは聴覚障害者であるということで、これは喜ばしいお知らせです」。以下のようにできるだけ中間的な言い回しをするのが最も安全です。「診察の結果、あなたのお子さんは聴覚障害者です」。そして、その情報に対して、親がどのような反応を示すかに基づいて、その後の対応の仕方をすぐに調整すると良いでしょう。

> ろう・難聴のある子どもをもつことに対し、ろう・難聴者によって異なる見方をもっているかもしれないので、子どもをもつことについて話し合うとき、医療従事者は価値判断を伴った言葉を使わないように配慮しなければなりません。

事例研究

聴覚障害をもっているという診断結果を喜ぶということ

　ブルーノとアデーレは、2人ともドイツ出身の手話使用者のろう者です。彼らは、地域のろう社会に属していて、ろうであるというアイデンティティを強くもっていました。

　彼らの間にアヴァという赤ちゃんが生まれましたので、聴力検査を受けさせるために地域の病院の小児聴覚訓練士のところに行きました。彼らは、アヴァがろう者であるかどうか楽しみでした。ブルーノは聴者の家族出身で、アデーレの家系には幾

世代にわたって何人かのろう・難聴者がいました。

　小児聴覚訓練士は、診察の際に手話通訳者をつけました。検査が終了した後、彼女はブルーノとアデーレに結果を伝えました。彼女は「残念ながら、アヴァは聴覚に障害があります。非常に残念なことです」と話し始めました。

　アデーレとブルーノはほほ笑みを交わし、この知らせに心の中では大喜びでしたが、心ない両親だと思われたくなかったので、表には出しませんでした。小児聴覚訓練士は、その後10分間、人工内耳や補聴器の装用などの治療の選択肢があることを説明しました。アデーレとブルーノは、ただうなずき、彼女から渡されたパンフレットを受けとりました。

　診察室を離れ、廊下に出て2人きりになったところで、彼らは抱き合いました。彼らは、ブルーノの聴者の家族はがっかりすることはわかっていましたが、アデーレの方の家族はどんなに喜んでくれるかと思うと、伝えるのを待ちきれないほどでした。病院を離れるときに、医療従事者から渡された書類はゴミ箱に捨ててしまいました。渡されたのは文字で書かれた文書で理解できませんでしたし、アヴァに治療が必要だと思いたくもなかったのです。

解説
　小児聴覚訓練士は、アヴァの状態を伝えるときに「非常に残念な結果です」というような価値判断を伴った言葉ではなく、中立した言い方をするべきでした。もし、彼女にろう文化に関する知識があったなら、人工内耳を当然のことと決めつけるのではなく、人工内耳に興味があるかどうか尋ねることを心得ていたことでしょう。書かれた文書は、ろう者や難聴者にとって適切で、気配りのあるものに書き直すだけでなく、手話使用者

にもわかりやすい形で記述される必要がありました。

　臨床遺伝子にかかわる人は、「突然変異」「遺伝子障害」「異常の恐れ」というような言葉をよく使います。しかしながら、これらの概念は誤訳されることが多く、感情を害することもありますので、極力使わないように気をつけましょう。「リスク」の代わりに「可能性」、「異常」の代わりに「違い」といった言葉の代用が考えられます。

事 例 研 究

気配りのある言葉遣い

　カリーナは、手話使用のろう者であり、遺伝子カウンセリング検査を受けました。診察の際には手話通訳者の配置が予定されていました。通訳者が遅刻してきて、実際の診察を受ける前に遺伝子の概念を通訳する可能な方法について、専門家と話し合う時間をもつこともしませんでした。

　臨床遺伝学者（医者）は、カリーナに聴覚障害の家族歴について説明し、カリーナの家族の中には聴覚障害の遺伝子をもつ人がいて、この遺伝子が突然変異を起こしたことで、聴覚障害になる原因となっているのではないかと話しました。通訳者は、「突然変異」の意味を本当には理解していなかったのにもかかわらず、意味を尋ねる時間を取らず、これを「異形の聴覚障害」のように訳してしまいました。カリーナは「異形の聴覚障害」をもっているというレッテルを貼られ、おおいに気分を害してしまいました。彼女は、その後ますます腹が立ってきて、臨床遺伝学者の話しているどんな内容にも全く集中して聞くことができませんでした。

臨床遺伝学者は、自分が話す内容がどのように訳されているかわかっていませんでした。もし「突然変異」という言葉がそれほど人を傷つけるということを知っていたら、その言葉はけっして使わなかったことでしょう。同じ意味をもつ「変化した遺伝子」という言い回しをした方が簡単に伝わっていたことでしょう。

解説
　臨床遺伝学者は、まずあらかじめ通訳者に会う時間を作って、話す予定でいる遺伝子に関する専門用語について説明し、通訳者の理解を確認しておくと良いでしょう。また、来談者がまごついたり、気分を害したりしているときの非言語的な手がかりを把握するために、通訳者と来談者とのかかわりから目を離さず、注意深く観察するべきです。また、「突然変異」というような用語がいかに人を傷つけやすい言葉であるかを知り、それに代わる言い方をするようにしましょう。

　医療従事者は、ろう・難聴者の中には遺伝子用語に神経質になる人もいることを知る必要があります。「異形の怪物（突然変異体）」「突然変異」「異常」「通常」というような言葉はなるべく避け、「リスク」というような言葉に配慮すべきです。
　ろう・難聴の来談者と遺伝子の問題を適切に話し合えるように、遺伝子カウンセリングの通訳者を対象とした特定の研修があるべきです。

　ある言語体系の中に遺伝子に関する用語が存在しないことは珍しくありません。たとえば、「劣性」「遺伝子」「クロモソーム」「DNA」を、厳密な意味でウルドゥー語（訳注：インド・ヨーロッパ語

族インド語派に属する言語の一つ。ヒンディー語とともに、ヒンドゥスターニー語の標準の一つをなす）に訳することはできません。たとえば「劣性」はウルドゥー語では「視野外」と訳され、意味を成さなくなってしまいます（Shaw and Ahmed 2004、330ページ）。イギリス手話を使用するろう・難聴者の診察で、たとえば「クロモソーム」「遺伝子」「DNA」といった異なる概念を表現するのに、同じ手話が通訳者によって用いられる可能性があります。こういうことは通訳者が遺伝子に関する限られた知識しかもたず、英語で発せられたこれらの言葉がすべて同じ意味であると思って起こることが多いと思われます。ショー（Shaw）とアハメド（Ahmed）による次の結論が、これにあてはまります。彼らは、英語を保ちつつも、英単語を直訳しようとするのではなく、その人の用いる言語で説明することが有効であると推奨しています（Shaw and Ahmed 2004）。手話の場合、遺伝子に関する用語は、最初に指文字で表現（たとえばc-h-r-o-m-o-s-o-m-e）してから、この指文字で綴られた単語に与えられた省略形を表現すると良いでしょう。それから新しい手話単語が手話使用者によって説明されるべきです。たとえば「クロモソーム（染色体）は遺伝子の集まりで、すべてが束になって積み重なっているものを示すのに使われる」ように説明します。通訳者はイギリス手話で説明ができるように「クロモソーム」「遺伝子」といった用語の、医学的知識をもち合わせていなければならないということになります（Middleton, Robson et al. 2007）。これが、先程述べたように、このような概念をはっきりさせておくために通訳者との打ち合わせの時間をもつことが重要である理由の一つです。

> 診察の際に使用すると思われる一般的な医学用語の絵図や写真や記述を、通訳者と来談者双方に送っておくことも役に立ちます。これは診察に先立って行うことができます。

家族歴を調べること

　ろう・難聴の子どもの90％は、聴者の親から生まれてきます（Cohen and Gorlin 1995）。ろう・難聴の子どもをもつ聴者の両親は、彼らの子どもが成長するに従い、コミュニケーションに苦闘し、親子間の感情的な分離、親密感の欠如、そして排除を感じる域にさえ達することがあります。

> 　耳の聞こえる子どもでも、家族に関する多くの話し合いや雑談を聞き逃す状況があることを考えれば、聴者の家系に育ったろう・難聴の成人が、自分の親族の医療に関する情報を知らずにいることは珍しくはありません。

　彼らは、家族の会話を聞き逃しやすいので、癌にかかった遠い親類の存在を知らずにいることもあります。医療従事者がろう・難聴の来談者から家族歴の情報を聞き出すときに、より多くのデータを収集するために、聴者の親族に連絡をとることの了承を得ておく必要があるかもしれません（Israel and Arnos 1995）。

事 例 研 究

家族の情報からの隔絶

　トゥルーデは、彼女が10歳のとき聴覚障害の兆候があることがわかりました。15歳までに軽度から中等度の聴覚障害であると診断され、年とともに聴力は落ちていくだろうと言われました。

　トゥルーデは、補聴器のことを非常に気にしており、恥ずかしいと思っていました。初めて受けた診断結果に打ちのめされてしまい、家族や友達との接触を避けるようになりました。彼

女は、自室にこもり、ほとんどの時間をパソコンでのやりとりに費やすようになりました。トゥルーデには兄弟が4人もいる大家族で、彼女が一番年上でした。

　家では、常に周囲が騒がしいので会話についていけなくなっていることを悟るようになりました。また、言ったことを繰り返すようきょうだいに頼むたびにいらいらされることに気づき、家族の会話に加わるのを諦めるようになりました。これは、他の親類が泊まりに来たときも同じでした。

　新しい主治医による診察を受けた際に、看護師が、家族の中に心臓病、高血圧、癌にかかった人がいるかどうか、トゥルーデに尋ねました。トゥルーデは、全く情報をもっていないこととこうした状況についての家族の会話を聞いたことがないことに気づきました。

　トゥルーデは、いかに家族と隔絶してしまったかを感じ取りました。彼女の聴覚障害は、家族との間に距離を生みだしてしまっていたのです。彼女はその問題にきちんと対処しようと思い始めました。自分が感じている孤独感について考え、どうして彼女の両親がこういった状況を生みだしてしまったのかを考えるようになりました。

ろう・難聴の家族歴について尋ねるということ

> 　遺伝子と優生学にまつわる傷つきやすい感情を考えると、この歴史を認識しているろう・難聴者の中には、医療従事者からの聴覚障害の家族歴についての質問に答える際にいささか過敏な態度をとることは驚くに当たりません。

　多くのろう・難聴者は、今でも遺伝子や遺伝性聴覚障害について

のあらゆることに猜疑心をもっています。もし、医療従事者が聴覚障害の家族歴について調べる必要がある場合、たとえば、そうすれば特定の症候群を除外することができる場合、家族の中で誰がろう・難聴者であり、そのことが親類にどのように影響を与えているかについて、明白な情報を聞き出す必要があります。ゆえに、行っている内容や、やる理由を説明することはとても重要です。

> 医療従事者は、なぜ聴覚障害の家族歴について質問するのか、細心の注意を払いながら説明する必要があります（たとえば、聴覚障害に関連する症候群があるかどうか調べるために）。それは、この質問の背後にある動機が誤解される恐れがあるからです。

健康に関する知識

聴者であれば家族との会話を通して聞いたり、雑談したり、テレビやラジオ番組で耳にするような一般的な健康に関する情報を、ろう・難聴者が逃していることは珍しいことではありません（Rogel 2008）。ですので、誰もが当然知っていると思われるような医療問題についての基礎知識がないことがあります（Barnett 2002a）。たとえば、ハーマー（Harmer）はいくつかの研究で、ろう・難聴者は具体的な医療に関する情報に欠けているという証拠をあげ、詳細について記載しています（Harmer 1999、82-83 ページ）。聞こえる学生は、ろう・難聴の学生より、医療に関する専門用語について高度なレベルの知識を有しており、また、一般的な救急救命についてもより多くのことを知っています（Kleinig and Mohay 1991）。ろう・難聴の成人を対象とした調査によれば、標準的な体温が何度かを知らなかったり（Lass, Franklin et al. 1978）、「不安」や「めまい」という言葉の意味を正しく識別することができなかったりすることが示されています（McEwen and Anton-Culver 1988）。

事 例 研 究

医学用語の知識

　ジェイソンは、3歳のときに重度の聴覚障害であると診断されました。彼の母も聴覚障害で、父は聴者でした。ジェイソンの両親は、手話による教育を受けさせたいと考え、彼が7歳のときに家から400マイル（約650キロ）ほど離れた学校に入れました。ジェイソンは、学校の休暇のときには家族のもとに帰り、次第にたくましく、自立した自信に満ちた青年へと成長していきました。

　家族と離れている間は、家族間での健康や病気に関する会話のやりとりを聞き逃してしまうことになり、祖母が骨粗鬆症であったことや兄が肩を脱臼したことなどは知らないままでした。家にほとんどいなかったために、彼は医学用語を交えた雑談に触れる機会がありませんでした。

　健康に関する問題が学校で起きたときには、看護師がそれに対応し、症状がひどい場合は地域の病院が対処していました。ジェイソンは、学校で生物学を学んだときに初めて、医学用語の存在を知りました。学校でこの科目を勉強する機会に恵まれた彼は幸運でしたが、その後の人生で出会った仲間の多くが、このような機会をもたず、基本中の基本とも言える医学用語を知らない人がいることにジェイソンは驚きました。

　ろう・難聴者は、彼ら自身や家族の一般的な健康に関する情報を聞き逃してしまっているだけでなく、適切な医療サービスの受け方についても知る機会を逃してしまっているかもしれません。

これは特に、ほとんど医療サービスを受けたことがないろう・難聴者によく見られることです。たとえば、実際は主治医によって対処されるべき病気を事故・緊急部門にもち込んだり、緊急医療に関する質問を、聴覚部門での診察の際にしたりするかもしれません。医療従事者は、来談者に合った医療サービスの部門に実際に照会することによって、あるいは、すでに病院に来ている場合は、予約がとれるようにサービスの内容に合った部門に連れていくことによって、明白に行き先を示す準備をしておく必要があります。

医療文化とろう文化の違い

　診察の際に来談者がどのような「振る舞い」をするか、医療専門家がある程度期待するのは当然のことです。たとえば、きちんと診断ができるように来談者が効率的かつ適切に医療情報や家族歴を提供してくれることを医療従事者は望んでいます。状況をつなぎ合わせる手がかりになるものを探すこともあります。ろう文化においては、話を繰り返したり、表情や模倣を用いて話を伝えるのが普通ですが、こうしたコミュニケーション手段に慣れていない人たちにとっては、そこから医療メッセージを「聞く」ことは難しいかもしれません（Harmer 1999）。つまり、「通常の会話の構成に対する期待の違いが混乱を招くことがある」のです（Barnett 2002a、697 ページ）。

　米国人で、聴覚障害をもつ遺伝子カウンセラー、ケリー・ロジェル（Kelly Rogel）は、上記のような微妙な差異についてまとめました（Rogel 2008）。彼女は、手話による診察の際に、最初に主要なことを伝え、付随することを後で説明することを推奨しています。これは、聴者がもっと話のやりとりを直線的にして最後に（主な医療的な手がかりを伴って）落ちで終わるように話すのと対照的です。メドー（Meador）とザツォウヴ（Zazove）は、「英語（音声言語一般）による伝

達方法は、要点に至るまで話を進めて最後に結論を述べるのに対して、アメリカ手話（手話言語一般）による伝達方法は、最初に要点を述べてから、紆余曲折を経て収束します。それで、ろうの来談者がまだ『紆余曲折』をしているのに、医者は会話が終わったと思い込むこともあります」と報告しています（Meador and Zazove 2005、218ページ）。ロジェル（Rogel）は、音声言語使用者は会話をすぐに終わらせる傾向があるのに対して、手話使用者はこれを失礼なことだととらえ、話を続けるのを好む傾向があると、バーネット（Barnett）が述べていることを引用しています（Barnett 2002a）。

　ロジェル（Rogel）は、身振り言語が誤って解釈される余地も多いと見ています。たとえば、聴者の世界では、誰かが話しているときにうなずくという行為は、話の内容に賛成していることを示していますが、ろう文化の間でうなずくのは、賛成しているのではなく、手話使用者が話の内容について理解していることを示しています（Barnett 2002b）。また、コミュニケーションに残存聴力を活用している聴覚障害者が（うなずいているので）話についてきているという印象を与えるときも、本当は、やっとのことで聞きとり理解しているのに、恥ずかしく思ってそのことを表明していないということがあります。

> 　医療従事者は、健康上の問題の要点を最初に話し、最後の方では普通の雑談をするように会話を再構築することを考えるべきです。
> 　また、うなずいている人を見て、言われていることを理解していると思わない方が良いでしょう。

　手話使用者は、音声を用いない身振り言語を彼らのコミュニケーションに取り入れています。これは手話言語の文法と切っても切れ

ない関係にあります。たとえば、軽い痛みと耐えきれない痛みを区別するために、異なる表情が用いられます。このことは手話を描写的なものとする特長の一つです。聴者の中で、質感を加えるときに単語を用いて説明する人や、顔の表情をあまり使わない人にはなじみのない領域でしょう。バーネット（Barnett）は「姿勢、顔の表情や接触など非音声的身振りの間違った解釈は、誤解を生じさせることがあります」と述べています（Barnett 2002a、697ページ）。

事例研究
解釈のずれ

　トムは、辛辣なユーモアのセンスをもつ、真面目くさった雰囲気の放射線科顧問医師でした。彼は、はっきりとものを言い、機知に富んでおり、言葉遣いが巧みで、表情からは何も読みとれない人でした。彼が冗談で言っているのか、本気なのか同僚にもときどき読めないことがありました。

　トムは、手話を使用する聴覚障害の来談者、サラを診察しました。サラは、マンモグラムで乳房腫瘤の疑いがあることが見つかり、トムは腫瘤の超音波ガイド生体組織検査を実施することになりました。診察の際には通訳が手配されました。トムはこれまで手話を使用するろう・難聴の来談者を診た経験がなく、話し方を調節する必要があることを認識していませんでした。

　トムが診察室に入ってきたとき、サラは診察を受ける用意をして、ガウンを着てベッドに横になっていました。彼女は、何をされるのかについて事前に十分に書物を読んで調べており、トムがしようとしていることに特に不安はありませんでした。トムは、サラが緊張しているだろうと察し、「心配しないで。今回、あなたの胸全部を取り除くことはしません」と、その場

の雰囲気をほぐすつもりで深刻な表情で言いました。聴者の来談者なら、無表情がかえって滑稽に見えて、笑いをとることができたかもしれません。でも、通訳者は彼が言った内容を直訳してしまい、サラは彼の表情を見て、深刻なのだと思いました。

　彼女は、胸全部が取り除かれるとはつゆほども考えてませんでしたので、混乱してしまいました。トムが彼女に超音波装置をもって近づいてきたとき、彼女は突然気になって飛びのきました。彼女は、片手を自分の胸に当て、もう片方の手で「胸を取り除くのではないでしょうね」と手話で言いました。トムは「冗談がなぜ通じなかったのか」と驚きました。彼は謝り、彼女を元気付けました。サラは、その後の診察中ずっと不安感を抱きながら、その医者が信頼できる人かどうか疑い続けていました。

　こうではなく、どうしたら良かったのでしょう？
　トムは、手話を使用する人に対しては、表現の豊かなコミュニケーション方法を取り入れるべきでした。診察前に、話す予定の言葉がどのように訳されるか通訳者と確認し、通訳者も、トムについて少し知る機会をもつことができ、結果として無表情な態度に気づくこともできたでしょう。つまりこのことは、診察前の通訳者との打ち合わせが重要であることを示しています。また、手話を使用するろう・難聴者にとって意思疎通の手がかりは、使用される声や言葉ではなく、顔の表情であることをこの事例は示しています。

　手話を使用するろう者同士が2人で話していたり、ことによると手話を使用する人が何人かいる集団で話している状況では、音声言語を用いる聴者の集団の振る舞いとは違った振る舞いをするのは不

自然ではありません。たとえば、誰かの視線が欲しいとき、その人の顔の前で手を振って注意を引いたり、足で床を強く踏んで振動させ、相手に気づかせたりすることがあげられます。

> 診察のときに、もし手話で話す家族全員が互いに見える位置にいるとき、医療従事者が誰かの顔の前で手を振り、通訳者が話についていけるよう、ゆっくり1人ずつ話して欲しいと伝えることは失礼ではありません。

- 手話を使用するろう・難聴者との会話で、視線を合わせることは、とても大切です。それは手話を使用している人にすっかり注意が向けられ、受け手がそれに集中していることを意味します。手話を使用している人自身が通訳者や他のところを見ているときもあてはまることです。
- 話している最中に目をそらしたり、考えるときに目を閉じたりする聴者は、手話使用者から見れば、奇異に見られ、注意をむけていないととられ、失礼だとさえ思われます。

> ろう・難聴者は、会話を一旦止めて、目が合うのを待ってからまた話し始めることがあります。これは、聴者が話し相手を見なくても会話が聞けることをろう・難聴者が忘れている可能性があるために起こります。

聴覚障害への不適切な関心

> 医療従事者は、他の問題が理由で診察に来た来談者に対して、診察の際に聴覚障害そのものに関心をもちすぎてしまう傾向が

あるということが、研究で証明されています。

　イェツォーニ（Iezzoni）らが、ろう・難聴者に対して、医療サービス体制での経験について面接調査をしました。その結果、「聴力は健康状態の問題とは関係ないのに、なぜ医者は聴覚障害になった原因について何度も聞いてくるのだろうと回答者たちが不思議がっている」ことがわかりました（Iezzoni, O'Day et al. 2004、358 ページ）。また、著者自身による最近の遺伝子サービス利用に対する態度に関しての研究においても、これと同様な傾向が出ています。その研究で、ろう・難聴の回答者は、彼らの主治医もまた同様に、診察に来た本来の目的である健康状態の問題に目を向けることなく、ろう・難聴に焦点を合わせる傾向があると答えています。

事例研究
聴覚障害に焦点を当てる必要はない

　リーは、彼女の母と母方の伯母に若年発症性乳癌の家族歴がありました。彼女は、家族性乳癌の有意性を確認するために地域の乳癌部門を紹介されました。

　リーは生まれつき重度聴覚障害であり、一族の多くも同様でした。乳癌治療担当の看護師が家系図を描いたときに最初にした質問は「家族の中に他にろう・難聴者はいますか」でした。リーは、乳癌の相談に来たのに、そのこととどうして関係があるのか疑問を抱きましたが、とりあえず、両親、兄、母方の家族全員が、先天性聴覚障害であると答えました。乳癌担当看護師は、「あらまぁ、一族にそんなに多くの聴覚障害者がいる人なんて会ったことないわ」と興奮しながら言い、家系図の中の聴覚障害のある人を色付けしました。

リーは、聴覚障害について話し合うつもりはありませんでしたし、医療記録に載せられるべき医療的な問題だとも思っていませんでしたし、それが乳癌とは全く関係ないことは確信していましたので、いらだちました。彼女は、乳癌担当看護師に、乳癌と聴覚障害は関連性があるのかどうか、聞いてみましたところ、看護師はないと答えました。そこでリーは、これ以上聴覚障害に無用の関心をもつことはやめて欲しいと言いました。

　解説
　ここの医療従事者は、来談者の信用を失う恐れがあり、そのことは今後この特定の医療サービスをどう運用していくかにも影響します。来談者が話し合いをどう感じているかを来談者の導きによって把握しようとすることが大切です。これは、来談者が発する非言語的な手がかりによって欲求不満や不満を見出すことでなされることがよくあります。

　医療従事者は、ろう・難聴者の中には、聴覚障害以外の理由で紹介を受けて来た場合、聴覚障害に無用の関心をもたれることを望まない人がいることを認識しておく必要があります。

視覚的な補助

　手話を使用するろう者と音声を使用する難聴者、双方とも、視覚優位の傾向があります。彼らは唇の型、しぐさ、身振り、目を合わせること、および視覚的な手がかりを総動員して、話を読みとることに慣れています。医療サービス現場でも、このような視覚的技術を使用することは理にかなっています。

これは、図式、模型、動画、線画、手を記号として使うこと（たとえば、片手で劣性遺伝子、もう一方で優性遺伝子を示すこと）の活用などで可能です。

反復と復唱

- 手話を使用するには、音声を使用するのとは異なる記憶処理が必要です（Marschark 2003）。
- ろう・難聴の子どもを指導する教師たちは、ずっと前からこのことを把握しており、反復と復唱により対処できることが認識されています（Gibson 2004）。この方法は、医療診察にも応用されるべきです。

事 例 研 究

医療用語を説明するための視覚的なコミュニケーション

ロベルトは、彼の妻、マリアと一緒に、遺伝子カウンセリング相談を受けました。彼らは2人とも重度の聴覚障害者でした。

彼らの遺伝子カウンセラー、アリソンは、彼らにはイギリス手話と英語の通訳者が必要だと診察前に想定し、国立コミュニケーション専門登録所の一員である地域の自営通訳者の予約を入れました（アリソンは、これらをシグネチャー（Signature）のウェブサイトで確認しました）。

アリソンは、通訳者と電話で、診察の際に出てくるであろう専門用語と、診察の手順について、話し合いを済ませました。

通訳者がどのように「優性遺伝」「遺伝子変異」というような特定の概念を手話で表現するかについても話し合いました。アリソンは、通訳者に、DNAとは何か、また「遺伝子（gene）」

「染色体（chromosome）」「ゲノム（genome）」とは何かについて、生物学の基礎を伝授しました。さらに、彼女は印字された情報や線画を通訳者に郵送しました。アリソンは、使用予定の診察室や明かりの位置についての情報も提供し、席はどのように配置すれば適当かという意見も提供しました。

診察の際に、ロベルトとマリアはろう・難聴の子どもを産む可能性について情報を求めてきました。アリソンは、ロベルトの家系に聴覚障害の優性遺伝子があることと、マリアは環境が原因で聴覚障害になったことを把握していました。

アリソンは、最初に「ゲノム」「染色体」「遺伝子」「DNA」といった専門用語について説明をした上で、夫妻にこれらを図書館に例えた絵を見せました。「DNA」は本の中の単語に当たり、一冊の本は「遺伝子」に相当し、本が並んでいる本棚は「染色体」であり、本棚の集まりが「ゲノム」に相当するという風に示しました。彼らが話の内容についてきているかどうかを確認して、彼らが理解しているかどうか確かめるために、彼女が話した内容についてどう思うか、彼らに何度も尋ねる時間を取りました。

アリソンは、「優性遺伝」について説明するとき、紙に絵を描きましたが、絵の内容を彼らが見られるように、描きながら話さないように気をつけました。彼らが顔を見上げたとき、彼女は描いたものを説明しました。話の要点を強調するために、彼女は、二つの遺伝子を両手で表しながら「優性遺伝」について説明しました。一つの遺伝子が受け継がれもう一つの遺伝子は受け継がれないことを、両手を動かして示しました。

アリソンは、ロベルトとマリアに遺伝子用語に関して彼らがどれくらい理解できているかをまとめるように、そして遺伝性について線画で示すように求めました。

診察の終わりに、アリソンはその情報を手話で記録したものを持てるように、「優性遺伝とは何か？」について書かれた遺伝子カウンセリング部門のパンフレットの手話版のDVDを彼らに渡しました。

解説
　アリソンは、情報を伝達するために4種類の視覚的な手段、すなわち、あらかじめ印刷された絵、現場での描画、手を記号として用いること、およびDVDによる概要を活用しました。これらは、異なる概念を数回反復し別の表現で言い換える機会を伴って、すべて手話により提供されていました。彼らが理解しているかどうかも、診察の最中に確かめられていました。
　イングランド、ウェールズ、北アイルランドにおける国立コミュニケーション専門登録所における登録通訳者のリストは、www.signature.org.ukから参照できます。

聴力損失が及ぼす心理的な影響

　聴者として育ち、音声言語を話す成人にとって、聴覚障害の進行を受け入れることは途方もなく困難なことでもあります。情動のすべてがこのことに結びつくのは普通のことです。「困惑、自信喪失、怒り、怨嗟は、彼らが日常的に向き合わなければならない最も一般的な感情です」（Munoz-Baell and Ruiz 2000、41 ページ）。

　このような難聴者や後天性の聴覚障害者は、こうした影響を受けて、公の場に出るのを恥じ、外出が少なくなり、何も起きなければ参加したであろう行事からも遠ざかるようになります。

時が経つにつれて、このことは孤立、憂鬱、自尊心の喪失などの原因にもなり得ます。

事例研究
聴力損失のマイナスの影響

　リュックは、20代前半で重度の聴覚障害であると診断されました。彼は補聴器を装用しており、チェコ共和国で郵便配達員として働いていました。彼は、補聴器を装用していることで、周囲の人が自分に話しかけるのを避けているようだと思い、新しい友達を作ることができませんでした。彼は、周囲の騒音に耐えられないため、酒場やクラブなどへ出かけることもあまりありませんでした。彼は、1人暮らしをしており、強い孤独感を感じていました。夜はほとんど字幕付きのテレビを観たり、パソコンゲームをしたりして過ごしました。かかりつけの医者は、彼に読話訓練を受けることを勧め、彼はついに勇気を振り絞ってそこに行きました。他の聴覚障害者と会っただけでしたが、彼は今までいかに憂鬱でいたかに初めて気づきました。同じ状況にある人たちとの交流は、彼自身の自尊心と自信について考える助けになり、彼は、自分の聴力損失に対する感情に対処するように踏み出す必要があることを悟りました。

　受診する難聴者や後天性聴覚障害の来談者は、本来の診察の目的である健康問題について不安感を抱いているだけでなく、自分が聴覚障害であることや自分の音声を恥とする感情をもつ傾向があり、その結果、聴覚障害に対する感情が、診察の際に影響を与えがちです。

聴者の家族の中の聞こえる子どもは、感じ方や声を通して感情をどのように表明するかを、親からの音声による確認によって身につけていきます。しかしながら、聴者の両親をもつろう・難聴の子どもは、コミュニケーションに苦労し、効果的な言語の獲得が遅れる可能性があります。このことは、感情を推理したり、気持ちを言葉で表したりすることと、それに伴う認知処理の発達を妨げる要因になっているかもしれません（Henderson and Hendershott 1991 in Ralston and Israel 1995）。つまり、このような状況にあるろう・難聴の成人は、家庭の中における会話の困難さが少ないであろう、ろう・難聴の両親をもつろう・難聴の子どもや、聴者の両親をもつ聴者の子どもと比べて、気持ちや感情を言葉で述べることが難しいかもしれないということです。

ろう・難聴の家族歴をもっていることによるプラスの影響

　ろう・難聴の両親をもつろう・難聴の子どもは、聴者の両親をもつろう・難聴の子どもよりもいろいろな点ではるかに優れているという、研究上の証拠があります。たとえば、ろう・難聴の両親をもつろう・難聴の子どもは、聴者の両親をもつろう・難聴の子どもと比べて、感情や行動における問題が少なく、心理的によく発達しており、精神的な問題が少ないとのことです（Stephens 2005）。約90％のろう・難聴の子どもが、聴者の両親をもっていますので、先天性聴覚障害の成人の大部分は明らかに問題を抱えていることになります。

　ダフィド・スティーヴンズ（Dafydd Stephens）とレスリー・ジョーンズ（Lesley Jones）は、「遺伝性聴覚障害による影響（2005）」という題の本を編集し、Whurrより出版しました。この本は、聴覚障害が個々人に及ぼす心理的な影響について文献レビューしたのをまとめたものであり、読者はより広範囲な概要について理解することが

できるでしょう。

診察の際に考慮すべき感情的な問題点

- 上記のことを考慮すると、医療診察に来るろう・難聴の成人は、生まれつきろう・難聴であったか、もしくは成人になってから聴力を失ったかにかかわらず、感情的に傷つきやすく、生涯にわたって心理的な面で困難な状況である可能性があります。
- 一般的にろう・難聴者は、聴者より心理面における健康問題のリスクが高いことは、よく知られています（Department of Health 2005）。
- 医療従事者は、敏感に共感しながら傾聴する技術を用い、欲求不満を許容し、出来事に対して明らかに過剰な感情的反応に対して否定的に反応せず、ろう・難聴者を理解し、支援するための時間をかけることが非常に大切です。

> ろう・難聴者は、（第2章でも述べたように）子ども時代か成人時代かどちらかであるにせよ、医療サービスに対して惨めな思いをした経験をしている傾向があります。このような経験から、また惨めな思いをしながら医療サービスを受けるのではないかと想像しながら、医療現場に来るかもしれません。それゆえに、防衛的で攻撃的な態度をとってしまうかもしれません。

> 臨床場面において、ろう・難聴の来談者を診るときは、感情的な傷つきやすさにも配慮することが必要です。

- もし、医療従事者が、ろう・難聴の来談者から防衛的態度を

されたときは、これに対して共感的な態度で見ることと、情報を与えすぎて負担をかけないようにして、ろう・難聴の来談者にそれ以上のストレスを与えないよう、心がけることが大切です。
- いくつかの明らかな困難について、率直に知らせるなどの基本的なカウンセリングの技能を使用することも役立ちます。たとえば、「あなたが本当に困っているのはわかりますが、あなたに何が起こっているのか理解するのは本当に難しいのです」「あなたが、医療従事者にうんざりしているのはわかります。あなたの力になるために私に何かできるか教えてください」と言うと良いでしょう。
- 医療診察において、ろう・難聴の来談者への感情的な関与は、聴者の来談者へのそれと異なるかもしれません。もちろん例外はありますので一般化しすぎないことが大切です。どのような違いも欠陥ととらえてはいけませんし、違いがあっても、それは気づきが必要な事例であるだけであり、驚いたりしてはいけません。

事 例 研 究

時間をかけるということ

カイは、聴覚障害者で、オーストラリア手話の使用者です。彼は、数年にわたり消化不良を繰り返し、内視鏡検査を受けることで相談を受けるよう上部消化管造影の専門医を紹介されました。

カイは、過去に医療サービスを受けた際に惨めな経験をしていました。彼は10代の頃脚を骨折し、術後の合併症のために数ヶ月入院しました。当時は、彼のコミュニケーションのニー

ズに適したものがなく、医師と看護師の口を読みとろうと努力しましたが、自分に何が起こっているのか、ほとんど理解することができませんでした。この経験は、すべての医療従事者への怒り、信頼喪失になり、それ以来、医療サービスと一切のかかわりをもつことを避けてきました。

　カイは、診察に遅れてきました。手話通訳者が手配されていましたが、彼がその日の最後の来談者だったので、上部消化管造影看護師と通訳者は彼を待っていました。看護師は、カイの診察には時間がかかることを想定し、慎重に準備していました。

　医療従事者たちは、カイが診察に対して困難を感じるかもしれないと察しており、彼の感情的なニーズに対して、特別に注意を払うべく準備をしていました。臨床看護師は、通訳者と一緒に待合室へ行き、彼の名前を尋ね、彼が診察室に来たいかどうか尋ねました。彼女の後について診察室に入ったとき、彼はむっつりとして非同調的なように見えました。彼が大儀そうに椅子に座ると、看護師はカルテを片方に置き、自分の椅子を彼の前に引き寄せ、「具合はいかがですか？」と話しかけました。

　カイは、病院が好きではないこと、診察が長引かないで欲しいと思っていることを、手話で伝えました。看護師は、「必要なだけ、いて良いのですよ」と言いました。彼女は、チームが彼のニーズに注目し、今回最初の診察では情報をたくさん提供するのではなく、彼の病歴を十分に聞きとり、良い関係を築いていくことに時間をかけていきたいと言いました。看護師は、カイが懐疑的で、何かを遠ざけていることを見て取り、彼に必要な時間を与えて、必要な関心を払わないと、カイが二度とサービスを受けることはないだろうということを悟っていたのでした。

耳鳴り

　耳鳴り、つまり耳の中で何かが鳴ることは、非常によく見られる病気であり、英国では、3分の1の成人がこれを経験しています（Davis 1995）。耳鳴りは、「聞こえる」人だけでなく、ろう・難聴者にも同様に起こります。聴覚障害の家族歴をもつ人は、耳鳴りの発生率が高く、耳鳴りに悩まされる割合も高いと言われています（Stephens, Lewis et al. 2003）。耳鳴りは、信じられないほど煩わしいものであり、睡眠を阻害されたり、場合によっては生活の質に重大な影響を与えることもあることで知られています。

　医療場面において（通訳者、あるいはコミュニケーション支援専門家を通した場合でも）提供される情報保障に対応しながら、耳鳴りにも対応していくことは、集中力に大きな影響を与えます。耳鳴りは、ストレスが強いときにひどくなることがあります。それゆえに、医療専門家はこのことがコミュニケーションをとる際に、マイナスの影響を与える要因になるかもしれないということに特に敏感にならなければなりません。このことが、頻度を増やしかつ手短な診察が大切であることのもう一つの理由です。

診察後の課題

　第2章でも論じたように、診察後の情報提供の方法に関する選択肢があることが重要です。音声言語を好むろう・難聴の来談者は、文字を書いた手紙や、持ち帰り用のメッセージをまとめたパンフレットで十分かもしれません。すべての来談者に対しても同じことが言えますが、ろう・難聴者でも、聴者でも、こうした情報は来談者の読解力に合わせて、専門用語は避けて、適切な語調で書かれるべきです。

手話を使用するろう者は、手話による診察後、情報が入ったDVDが欲しいと思うかもしれません。このようなDVDを24時間以内に有料で制作できる外部の会社がありますので、準備するのは難しいことではありません。ビデオやDVDには、医療に関する多くの情報の概要のうち、一度に一つの医療情報だけを組み込むことが重要であることが研究で示されています。一つのものに、一気にたくさんの情報を入れると、混乱を招き、処理するのが難しくなる可能性があります（Folkins, Sadler et al. 2005）。

　医療従事者は、ろう・難聴の来談者に対する診察後の情報提供の仕方について、工夫を重ねていくべきです。遺伝子の専門用語を含んだ長い手紙は、手話を使用するろう者にも、音声話者の難聴者にも受け入れられません。

　医療従事者は、来談者への手紙を、簡素な英語で書き直したものか、手話に訳したDVDのどちらか、または両方を用意する必要があるでしょう。

第4章

神経線維腫症Ⅱ型のある来談者とかかわる専門家の課題

ワンダ・ニアリー

神経線維腫症Ⅱ型の概要

> 　神経線維腫症Ⅱ型をもつ来談者には、生命に影響を及ぼす四つの主要な領域があります（Neary, Stephens et al. 2006）。
> - 聴覚障害
> - 平衡障害
> - 顔面衰弱
> - 視覚障害

　神経線維腫症Ⅱ型は、潜在的に生命にかかわる症状です。頭部にある良性腫瘍は聴覚障害の原因ともなりますが、大きくなり、最終的には脳機能を遮断することもありますし、それを摘出する手術をすると、脳に修復不可能な損傷を与えることもあります。聴覚障害に平衡、視覚、身体、心理の問題が結びつくと、人によっては非常に大変なものとなります。神経線維腫症Ⅱ型をもつ来談者を診る医療専門家は、聴覚障害に加えて、コミュニケーションに影響を与える要因を知っておくことが重要です。

- 神経線維腫症Ⅱ型をもつ人は、たいてい主なコミュニケーション手段として、音声言語を聴いたり話したりすることができる状態で育ってきています。
- 神経線維腫症Ⅱ型と診断されたらすぐに、読唇を奨励すると良いでしょう。
- 人工内耳がふさわしい人もいれば、聴覚脳幹インプラントを挿入する人もいます。
- 来談者とその家族の中で、手話を学ぶ人はごくわずかです。
- 神経線維腫症Ⅱ型にかかった人の中には、聴力の問題が原因で聴者の世界の一員であると感じることができず、かといっ

て、たいていは手話ができないために、自動的にろう社会に属すことはできないので苦悩する人もいます。
- 子孫に受け継がれることを避けるために妊娠中絶を目的とした出生前遺伝子診断を受ける神経線維腫症Ⅱ型をもつ来談者は、わずかです。

> 神経線維腫症Ⅱ型は、重大な病気の可能性をはらんでいるために、本人や家族の心理的な影響に医療従事者は注意する必要があります（Bance and Ramsden 1999 in Neary, Stephens et al. 2006）。

- 医療従事者は、最終的に全く聞こえなくなるという心理学的な衝撃に対して来談者が心の準備をすることと、必要に応じて音に頼らないコミュニケーション技術を身につけるための適切な訓練を始めることを、可能な限り行うようにさせる必要があります（Neary, Stephens et al. 2006）。
- 新たな突然変異としての障害が初めて現れた家族にとっては、その影響は特に大きく、両親は不安感や罪責感を抱くことがよくあります（Neary, Stephens et al. 2006）。

> 　神経線維腫症Ⅱ型をもつ人は、平衡障害をもっていますので、身体検査に困難を感じるかもしれません。検査用ソファや病院のベッドに上がりにくいことがあります。医療従事者は、これを補助するために身体的支援を追加して提供するようにしましょう。
> 　神経線維腫症Ⅱ型をもつ来談者は、顔面衰弱があるために、明瞭に話すことができないかもしれません。また、話し方を意識しすぎて、返答するときに自信がもてないことがあります。医療従事者は、来談者の話を注意深く聞くよう特に気をつけて、

> 不快な感情に対して敏感に対応する必要があります。
>
> 　神経線維腫症Ⅱ型をもつ来談者は、眼乾燥や視覚の障害が原因で、筆記されたメモを読むのが難しいことがあります。このことは、読唇のような視覚によるコミュニケーションの利用や、ライトライター（簡易文字表示機）や、ノートテイカーの利用が難しいことも意味します。相当大きな文字で書いたものを見せることは有効かもしれません。

神経線維腫症協会

　英国には、神経線維腫症協会と呼ばれる慈善団体があり、神経線維腫症Ⅰ型、神経線維腫症Ⅱ型に不安を抱える人たちを対象に支援と情報提供をしています。神経線維腫症Ⅱ型支援者は、慈善団体に雇用されている専門家であり、神経線維腫症Ⅱ型にかかった本人およびその家族を訪問して、実践面および感情面の支援をします。医療支援とも密接な関連をもっています。

学際的な専門家が集まった神経線維腫症Ⅱ型診療所での受診

　神経耳科医、神経外科医、眼科医、遺伝学者、遺伝子カウンセラー、聴覚訓練士、言語療法士、カウンセラー、心理学者、ときには精神病医を含んだ、神経線維腫症Ⅱ型のあらゆる状況に関する経験がある学際的な地域センターの重要性が力説されています（Evans, Baser et al. 2005）。しかしながら、多くの病院がいまだにこのような支援を提供しておらず、神経線維腫症Ⅱ型をもつ来談者は、個別の医療従事者からばらばらに診断を受けていることが知られて

います。

　下記は、英国マンチェスター市にある神経線維腫症Ⅱ型診療所での出来事をまとめたものです。

- 来談者の磁気共鳴映像装置（MRI）の画像が多くの学問領域にわたる神経線維腫症Ⅱ型チームに所属する神経放射線専門医により、慎重に検査され報告されます。診療所にいる来談者もこの報告と画像を見ることができます。
- 各医療機関において、6人以上は予約しないようにすることで、来談者1人1人に対する十分な診察時間を確保しています。
- 病院の受付係は、神経線維腫症Ⅱ型のための診療所の存在を把握し、重大な聴覚障害の可能性があることを念頭に置いて、来談者を適切な態度で受け入れるようにしています（詳細は、第2章を参照のこと）。
- 学際的チームの適切なメンバーが座る椅子を、来談者が専門家の顔をはっきり見ることができるように配置しています。
- 神経線維腫症Ⅱ型をもつ来談者の中には、平衡感覚や移動機能に障害があり、車椅子で診察に来る人もいます。診療所へ車椅子で来ることができるのは、必要不可欠なことです。
- 神経線維腫症Ⅱ型支援者（通常、英国神経線維腫症協会による派遣）が、神経線維腫症Ⅱ型をもつ来談者を待合室で迎え入れ、自己紹介をしてから、診察室へ連れていくことは非常に有益です。来談者が車椅子に座っている場合、診察室まで押して行って適切な場所に配置することができるからです。それから、来談者の隣に座り、必要に応じて通訳します。

コミュニケーションの支援をするためには、コンピューター

は欠かせません。医療従事者がコンピューターに打ち込むと、来談者は器機を通して読むことができます。コンピューターには、ノートパソコン、デスクトップパソコン、ライトライターのような形式があります。ライトライターは、聴覚障害だけでなく視覚に障害のある人たちに特に役立ちます。一行ずつ、大きな文字で見ることができ、機械は比較的安価で、軽くて持ち運びに便利です。

- 来談者が手話または手指音声言語使用者の場合、診察の際に適切な通訳者の配置が必要です。
- 学際的チームの専門家それぞれが来談者に対して自己紹介をすることで、来談者はチームにおける専門家の役割を把握することができます。
- 学際的チームのメンバーは、神経線維腫症Ⅱ型診断結果の開示、特に家族歴をもたない若い人への告知は、ショックが大きいことを、心に留めておくべきです。
- 学際的チームのメンバーは、来談者との問診の間、同時にメンバー同士の会話をしないようにしましょう。来談者を困惑させるかもしれません。
- 診察に十分な時間をかけることは大切ですが、長すぎないようにしましょう。診察のときに話された内容をまとめた文書が、診療所からもらえることを来談者に知らせておくことが大切です。

　新たな診断の後、来談者にはかなりの感情面での支援が必要かもしれません。神経線維腫症Ⅱ型支援者は、来談者が必要と感じた場合に連絡がとれるように、診断後に連絡先を渡すことができます。

- 来談者には、同意を得ている他の神経線維腫症Ⅱ型をもつ人たちの連絡先の詳細を与えられます。
- 来談者には、神経線維腫症Ⅱ型チャットルームのウェブサイトの詳細を与えられます。
- 来談者は、生涯にわたって学際的チームから経過観察されることに気づくでしょう。
- 神経線維腫症Ⅱ型診療所で使用できる音声認識ソフトウェアが開発されています（Belk, Evans et al. 2008）。これは、臨床医学者が話す内容を文字に変換し、来談者が読みとることができるようにするものです。

事例研究

神経線維腫症Ⅱ型が家族に与える衝撃

　アダムは、35歳の男性です。彼の父は、神経線維腫症Ⅱ型が引き起こした健康上の理由で早期退職しました。現在は重度聴覚障害で平衡感覚障害に悩まされています。学際的神経線維腫症Ⅱ型診療の専門家のところで10年間治療を受けています。3回の手術で両方の第8脳神経腫瘍と脊髄腫瘍一つを除去しました。彼の子どもたち全員が、学際的チームを紹介され、そのうちの成人した3人は磁気共鳴映像法（MRI）による検査を受けました。アダムは、両側に小さな第8脳神経腫瘍があると診断されましたが、現在症状はなく、学際的チームの専門家による経過観察を受けています。

　アダムは結婚しており、彼と妻は、子どもにも遺伝する可能性があることを知り、心配になりました。神経線維腫症Ⅱ型遺伝子が引き継がれる確率は、全妊娠数の50％あるという説明を受け、出生前遺伝子診断を受けることを勧められています。

解説

　この事例では、神経線維腫症Ⅱ型の家族歴があるということから、アダム自身は神経線維腫症Ⅱ型をもっていることへの心構えができていたのかもしれません。この新たな診断の結果にショックを受けるかもしれないにせよ、彼の父を通じてその状態を理解できており、心理的により良く対処できると考えられます。専門家の学際的チームは、アダムを経過観察しながら、神経線維腫症Ⅱ型の症状が出てきたときにこれを発見し、対応することができます。

事 例 研 究

神経線維腫症Ⅱ型の重荷

　ジェイコブは、15年前に神経線維腫症Ⅱ型をもっていると診断されました。強度の神経線維腫症Ⅱ型の家族歴があり、彼の母と3人のきょうだいの中の1人も神経線維腫症Ⅱ型を発症しています。ジェイコブは、両側の前庭神経鞘腫の手術を受け、聴力はありません。健康上の理由で10年前に退職しました。脊髄腫瘍があり、車椅子の生活をしています。彼は、両目の乾燥眼に悩まされており、視覚にも障害があります。妻アンナが介護しています。彼らには4人の子どもがおり、そのうち2人は、神経線維腫症Ⅱ型突然変異の遺伝子をもっていることがわかっています。ジェイコブは、年に1回、学際的専門家のチームにより、定期検診を受けています。

　ジェイコブは、年1回の定期検診を受けるために診療所に到着しました。彼は車椅子で来ており、妻が同伴していました。ジェイコブは、妻の支えなしにコミュニケーションをとることはできません。視覚に障害があるために、読唇が非常に難しく、

ライトライターの使用も難しいことがわかっています。診察の間、アンナは診察の進行に沿って、質問の内容を夫に説明し、夫の代わりに答えていきました。

　ジェイコブとアンナは、彼らの4人の子どものうち2人が神経線維腫症Ⅱ型を発症していることに、とりわけ悩んでいました。自分たちの関心事について、彼らは遺伝学者と遺伝子カウンセラーに、時間をかけて相談しました。神経線維腫症Ⅱ型支援者は、この診察予約の後に往診する手続きをしました。

　解説

　この家族は、重い荷を背負っています。ジェイコブは、重度の障害を抱え、生活のあらゆる面で妻の支えに頼っています。献身的な主治医と、1週間に2回入浴の介助をしてくれる地域看護師がいます。ジェイコブとアンナは、発症した子どもたちの今後を深刻に心配しています。学際的チームの専門家たちは、ジェイコブの医療、手術、感情面のニーズに敏感に対応しながら、アンナが必要としている支援、実践的な助言、理解にも気を配らなければなりません。神経線維腫症Ⅱ型支援者は、困難が増大していくこの家族を支える重要な役割をもっています。

感情の問題

　優性遺伝状態の診断の確認は、神経線維腫症Ⅱ型をもつ来談者に著しい影響を与えるということを理解しておく必要があります。神経線維腫症Ⅱ型の家族歴をもつ人は、症状に関する予備知識と、診断の可能性について自覚をもっています（Neary, Stephens et al. 2006）。しかしながら、現状では穏やかな症状しかもたない若い人の場合は、

診断と予想される結果は恐ろしい予期せぬ衝撃としてやってきます。学業は短縮されなければならないかもしれませんし、緊密な個人的関係も遮断されるかもしれません。前もって計画していた将来の仕事の夢は諦めなければならないかもしれません。仕事をすることもできなくなるかもしれません。こうした人たちには、家族や友人、そして支援を担当する医療従事者からの多大な支援が必要です。

> 神経線維腫症Ⅱ型を発症した来談者を担当する専門家は、来談者が抱えるかもしれない不安や憂鬱に敏感に対応していくべきです（Neary, Stephens et al. 2006）。自殺の可能性を低く見積もってはいけません。

事例研究
経験を共有することの価値

　レナータは、英国に住む45歳のポーランド人女性です。彼女は、神経線維腫症Ⅱ型を発症したと診断されたばかりです。彼女は夫を伴って来ていました。彼女は、6ヶ月前、突然右耳に耳鳴を発症し、右側の聴力が低下したと感じました。聴覚障害の家族歴はありませんでした。彼女の地域病院に磁気共鳴映像法（MRI）による走査の結果が送られ、両側性前庭神経鞘腫と診断されました。

　レナータと彼女の夫は診断の結果にショックを受け、神経線維腫症Ⅱ型を発症した他の来談者と連絡をとることは可能かどうか尋ねました。神経線維腫症Ⅱ型支援者は、神経線維腫症Ⅱ型をもっていると診断された他の来談者（モーゼス）が、神経線維腫症Ⅱ型と診断されて受け入れられずにいる他の来談者と話すことを快諾してくれていましたので、彼の連絡先の詳細を

提供しました。レナータは、モーゼズと連絡をとり、彼の家で会う約束をしました。レナータと彼女の夫は、この出会いが非常に有益なことに気づきました。モーゼズは、20年前に診断されて、重度聴覚障害を抱えていても、正社員として勤めていました。彼は、知識が豊富で、自分の症状を開示してくれ、レナータの質問に快く答えてくれました。

　解説
　新たに診断された来談者は、すでに神経線維腫症Ⅱ型の診断を受けていて、希望があれば新たな来談者から連絡、相談を受けても構わないとしている来談者から支援を受けることができます。英国では、印刷物による情報や講義を提供したり神経線維腫症Ⅱ型をもつ来談者が週末に交流できるように助言をしたりしている聴覚障害支援団体リンクだけでなく、神経線維腫症協会からも情報と支援を受けることができます。

第 5 章

盲聾の来談者とかかわる専門家の課題

シェシュティン・メラー

これまでの章ですでに述べたように、盲聾者が完全に聞こえなかったり完全に見えなかったりすることは非常に希です。たいていある程度の聴覚か視覚のどちらか、あるいは両方があります。盲聾者は残存視力や残存聴力を通して手がかりを集めるために、懸命に集中する必要があります。このことは過度な労力を必要とし、骨の折れることです。盲聾者は、外界の情報を提供してくれる周りの人に頼るかもしれません。

視力損失の影響

次の写真は、普通に視覚がある人と、先天性風疹症候群のような視覚障害のある人に、診察室がどのように見えるかを示しています。視覚障害の程度は、障害の起因によってさまざまです。たとえば、発症しているのが片目か両目か、特定の方向にだけ障害があるのか、によって違いがあります。45～50歳のアッシャー症候群の来談者は、視線の真ん中にあるものだけが見え、黄斑変性のある来談者は、視線の周囲にあるものしか見えないかもしれません。

脳は、欠如しているものの溝を埋めようとします。たとえば、盲聾者が病院の食堂にいて周囲を見渡したとき、人、テーブル、椅子、食べもの、飲みものが見えるものと思いますが、部屋の柱は想定していませんので、何か他のもの（たとえば、家具の一部）として見るかもしれません。

> 断片的に取り入れられた情報は、誤解を招く危険性を増します。メッセージを受けとるために奮闘する必要があればある程、その意味を理解できる可能性は減ります。

視覚障害の特性は、非常に個人差が大きく、人生の局面によって

 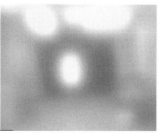

左の写真は普通に視力がある場合（視力1.0）、右側の写真は重度視覚障害がある場合（視力0.02）を示しています。写真は、エケスコラン（視覚障害と他の障害をもつ人のためのセンター）のイェラン・シーダーマークとアンダース・ヒャルムのご好意によるものです。

も違ってきます。それゆえ、医療現場では来談者に対し、詳細な状況説明を求めることがとても大切です。

　盲聾者は、もち合わせている能力をできるだけ使いこなすように工夫しています。このことが、視覚と聴覚に障害をもたない人たちとは異なる方法で情報を取り入れる助けになっています。

> 　視覚、聴覚に制約がある盲聾者は、周囲の情報を取り入れるために、他の感覚を使います。たとえば、触ったり、臭いを嗅いだり、味をみたりします。

　盲聾者が医療従事者に慣れる時間を診察の始めに作っておくことは有益です。手順はいろいろありますが、医療従事者がそのことを厄介に思ったり、必要がないと思ったりしないことが大切です。盲聾者が新しい環境になじむために、もっている感覚を活用することは実際、非常に重要なことです。

> 　盲聾の来談者の中には、医療従事者の衣服（たとえば、襟や袖）や、髪、顔に触れて、感じ取りたいと思う人もいるかもし

> れません。あるいは、香水の匂いを求めて空気を嗅いだり、医療専門家の手や頬の匂いを嗅いだりしたい人もいるかもしれません。

残された感覚を全身的な方法で活用し、環境から得た情報を統合する過程を「社会的触覚コミュニケーション」と言います（Lahtinen 2008）（詳細は166ページを参照のこと）。

事例研究
早発性盲聾者の診察で、匂いや触覚からの助けを活用すること

　サラは、スイス在住の15歳でチャージ症候群（詳細は第2章を参照のこと）がありました。重度の視覚、聴覚障害に併せて知的障害ももっていました。彼女は音声言語と組み合わせて、手話の発信と受信に触手話を使っていました。

　サラは、超音波心臓検査（ECG）を含む年1回の定期検診を受けるために、心臓専門の医療機関にいました。医療従事者の自己紹介の一部として、看護師はサラに握手をしようと手を差し伸べました。サラは、看護師と親密になろうとして、彼女の手の匂いを嗅ぎました。看護師は超音波心臓検査をするための装置を取りに行くとき、彼女の指をサラの腕に這わせ、装置を近づけるためにちょっとだけ指を離し、そしてまたサラの腕に触れ、同じ人だとわかるようにサラに彼女の手を嗅がせました。看護師は、超音波振動の電極の一つをサラに差し出し、彼女がそれを手で吟味できるようにしました。サラは、1年前のその手順を思い出し、前置きが終わった今、これからどんなことが起きて、彼女にどうすることが期待されているかがわかりまし

> たので、電極を体に取り付けられるよう、ブラウスを脱ぎました。

盲聾の来談者とのコミュニケーションの問題

　盲聾者は、さまざまなコミュニケーション手段を用いることができます。それは身振りや動作から、音声やさまざまな手話に至るまで広範囲にわたっています。音声であれ手話であれ、個々人の発信言語は、生涯変わらずに残るかもしれませんが、情報を受信する手段は、生涯にわたり何度か変化することがあります。たとえば、視力が良いときに聴力を先に失った人は、視覚的手話によるコミュニケーションを学び、それを第一言語、あるいは優先的言語として使用します（聴覚障害者と同様）。視力が落ちていくに従い、視覚的手話から、手話をしている人の手の上に触れる触手話へと移行します。手の形と位置が言語を伝えます。

　始めは比較的聴力が良く、視力に制限がある盲聾者は、その逆です。彼らは、主なコミュニケーション手段として、音声言語、聴力、点字を活用します。のちに聴力が落ちていくに従い、点字と指文字を用いる触手話へ移行します。彼らは、満足には聴くことができなくなっても、音声言語を使い続けるかもしれません。

　盲聾者の中には、大学レベルまでの教育を受ける人もいますが、外界との接触が限られているために、一般的な知識が断片的である人もいます。盲聾者の中には、「未発達言語」と考えられるレベルでコミュニケーションをとる人や、意図のない表現をする人もいます。

　コミュニケーションをとる能力は、知覚障害と結びついた学習障害があるかどうかによって大きく変わってきます。また、盲聾者の

中には生まれつき、したがって言語が自然に発達する前から、視覚と聴覚に障害のある人もおり、それでもなお彼らは、コミュニケーションをしようとしますが、その方法は、ごく身近な人しか理解することができないものかもしれません。そのような人々のためには、介護者に、最も適切なコミュニケーションは何かを尋ねることが大切です。

> 盲聾者と効率的なコミュニケーションをとる第一歩の一つは、彼らにとって望ましい言語とコミュニケーション方法を見つけ、それを用いて仕事をすることです。

事例研究
コミュニケーションスタイルを合わせること

　ブラウン氏は、80代で、黄斑変性をもっていました。彼は、ジャマイカに住んでおり、50代から聴力も失っていきました。最近になって、彼は睾丸の痛みを訴えるようになり、前立腺癌の診療科を紹介されました。そこに行くのは初めてでしたので、どう行けば良いのかわかりませんでした。彼のところに郵送されてきた地図は、小さすぎて読めないものでした。受付係は地図を指差しながら行き場所を伝えようとしましたが、うまくゆきませんでした。彼女が何を指しているかが見えず、彼女が何を話しているかがわからなかったので、彼はいらいらし始めました。受付係は彼がその情報に混乱し出したことに気づき、コミュニケーションを工夫する必要があることを理解しました。彼女は黄色い紙を取り出し、太字のペンで「廊下を真っすぐ行くと、最初の左側のところに診療科があります」と（大文字だけで）書きました。ブラウン氏は喜びました。彼は指示をはっ

きりと読みとることができ、いらいらは消え、自信を取り戻すことができました。1人で診療科へ歩いて行き、必要な支援を受けることができたことを喜びました。

医療機関への提言

　盲聾者が、周囲の情報を把握するために、多大な努力をしながら残存視力、聴力を活用していることを考えると、このことを認識して、短時間（1分以内）および長時間（5分から1時間）の休憩を提供することは、医療現場においては普通のことです。また、たくさんの情報を一つにまとめようとするよりは、必要に応じて複数回の診察を提供していく方が望ましいです。

　脳が情報を受けとるために懸命に働いているとき、情報が部分的であったり欠落していたりする場合に、隙間を埋めようとすることがよくあります。それゆえ、いくつかの違った方法で情報提供し、理解しているかどうかを頻繁に確認する必要があります。

　視覚障害がある人との会話は、いくつかの簡単な方法で支援できます。たとえば、ピカピカ光る宝石類は気を散らせるものです。光が当たったとき、視覚に制限がある人への視覚の手がかりを混乱させることになります。診察のときは、カーテンのない窓から日光と日影が交互にチラチラと入ってきて、光が始終変化するようなことのない部屋で行うのも助けになります。光の変動を妨げるカーテンはとても役立ちます。口紅を付けている女性は、付けていない女性よりも見やすいです。

　盲聾者の診察記録書にコミュニケーションの際に必要な事柄をはっきりと記しておくことはとても大切です。たとえば、ノートの

表紙に下記の3点のように重要な点を記載しておくことです。

- 視覚による手話を使用
- 速度を落とすことが必要
- 印刷物については黄色い紙に、ゴシック体16ポイントで印字すること

こういった覚え書きを、明瞭に、医療従事者の目に届きやすいようにしておくことです。また、来談者の状態がときを経て進行し、必要性が変化していくことを考慮して、頻繁に点検し、更新する必要があります。

身体的な環境

盲聾者の中には、他の人に比べて光に敏感な人がいます。アルストレム症候群、アッシャー症候群のある人は、夜盲症、光への適応障害、対比感度障害の原因になる網膜色素変性をもっています。アッシャー症候群のある若い人たちは、白い紙や白い色のテーブルクロス、絵画を覆うガラスにさえめまいを感じます。一般的に、アルストレム症候群のある人は、若くても実質的にすべての視力を失っているのに対して、アッシャー症候群のある人は高齢でもまだ視覚がいくらか残っています。

視覚が残っている他の盲聾者は、残存視力を活用できるように、十分な程度の光を必要とします。たとえば、薄暗い照明の部屋では、見づらいのです。このことは、来談者が望んでいるもの、必要なものは何かを尋ねて確認し、それに合わせるように努力することが大切であることを意味します。医療現場において最も役立つことは、必要に応じて環境を変える適応性をもつことです。

診療室周りの環境のことも考慮が必要です。たとえば、階段、手

すり、柱がはっきりと印づけられること、これは対照的な色を用いることで解決できます。建物を新築するときに行うのが一番良いですが、既存の構造を改良することも可能です。

> 環境を改良するために推奨されるものとして、白い柱に大きなカラープリントを加えたり、白い手すりに長い色付きの布を巻き付けたり、階段を塗装したりすることなどがあり、それによって明瞭に区別することができます。表示板は色付きの背景に、大きく黄色のゴシック体で文字を書くなどの配慮が必要です。

医療従事者が着ている服にも配慮が必要です。たとえば、白衣は網膜色素変性をもつ人にとっては、めまいの原因になることがあり、大きな腕時計や宝石類も覆う必要があります。

> 手話を視覚的に受容する人の場合は、手話を使用する人の肌色と服装の色の十分な対照も大切です。

事例研究

盲聾の来談者を診察する診療所の実務面の考慮

ステファンは、デンマーク在住の45歳でアッシャー症候群Ⅱ型をもっていました。彼は騒音の中では音声を聞きとることができず、進行性の視覚障害がありました。今のところいくらか視力はありますが、太陽光のような直接光に煩わされ、光が当たった宝石類や窓のブラインドから射し込むチラチラする光などにめまいを起こしやすい状態でした。

ステファンは、主治医の診察を受けに行きました。その主治

医は、特に盲聾の来談者のニーズに対応することに力を注いできました。待合室は、音響解析を受け、反響が調整されていました。窓には、光の変化を軽減するカーテンがかかっていました。待合室の光は間接的で、柔らかいものでした。受付係には、簡素な服装規定があり、きらめく宝石類と光を反射する名札は身につけていませんでした。しかし、希望すれば口紅を付けることは許されていました。彼らは、盲聾の来談者と話すときは、明瞭な音声で話すようにし、主治医の部屋まで付き添って欲しいかどうか、常に確認するようにしていました。検査のためにステファンの眼鏡や補聴器を外す必要がある場合は、それらをどこに置いたかを常にステファンに知らせるようにしていることを主治医は知っていました。ステファンの診察記録には、主治医が準備しやすいように、彼のコミュニケーション感覚から来る必要性が明瞭に記載されていました。

解説
　同様の診断を受けた他の人が、これと同様な要求はしないかもしれませんし、ステファンの好みは彼の視覚、聴覚障害の進行に沿って変化してきています。それゆえ、彼の診察記録にあるコミュニケーションの推奨は、頻繁に更新されるべきです。

盲聾者との音声による会話

- 盲聾者と会話するときには、第2章でも述べたろう・難聴に対する認識を深める技術を応用できます。より大きな声で話したり、口の動きを強調したりする必要はありませんが、速度を若干落とすことは有効かもしれません。また、その人に対面して明瞭に話し、読唇しやすくなるような技術のすべて

を応用することも有益でしょう。
- また、待合室、廊下などからの騒音が聞こえる中で診察をしないようにすることも大切です。

盲聾者との視覚的手話での会話

- 手話は極めて視覚的な言語なので、手話を使用する人が視力のある部分を失うことは、コミュニケーション能力に非常に大きく影響します。
- 手話を使用するのが難しくなる程度は、視覚障害の程度や性質によります。たとえば、いくつかの手話や、手話の発信位置が盲点にあって、見えないことがあります。あるいは、視野狭窄により、ある範囲の外にある手話が見えにくくなる場合があります。
- 対照的な違いを判断する能力に影響する視覚の制限は、手話を読みとる能力にも影響します。たとえば、白人で薄い色やはっきりしない色の服を着ている手話を使用する人と盲聾者が会話するとき、網膜色素変性のある人にとっては、手話が見づらいことになります。
- アッシャー症候群の人は、手話を使用する人をより広い範囲で見るために一歩退く必要があるかもしれません。
- 逆に他の盲聾者は、手話を見るために、手話を使用する人に極めて接近する必要があるかもしれません。

座るときに最も適切な距離はどれくらいか、盲聾者に尋ねて確認することが、医療従事者には大切です。医療従事者と盲聾者の間の距離は、個々人により違いますので、話し合って決めることが大切です。

- 手話を使用する人は、黒い肌色の人の場合は明るい色、あるいはその逆といったような、対照的な色の服を着ることで、盲聾者を助けることができます。

盲聾者との触手話での会話

- 触手話での会話は、「発信者」(「話している」人) と「受信者」(「聞いている」人) が互いの手を触れ合う必要があります。
- 発信側の手の上に受信者の手を置いて、手話をたどるようにします。会話を主導する人が交代するとき、受信者が発信者に変わるように、手の位置を入れ替えます。
- 触手話は、視覚的手話がもととなっていますが、手話を使用する人の顔に見られる表情はすべて、手で翻訳されます。
- 触手話をするときの最適な席の配置は、個々人によって異なり、対話者に対面して座るか立つことを好む人もいれば、対話者と並んで座ることを好む人もいます。

> 触手話に熟練した人は、片手で話しながら、もう一方の手で話を聞くことができます。

- 触手話にはいくつかのやり方があります。視覚的手話（手話）と同様に、完全な言語であることもあれば、指文字で綴られる単語で構成されるにすぎないこともあります。後者の場合、手話から発生した指文字を使ったり、アルファベットの文字を手書きしたりしますが、それらは受信者の掌だけでなく、額にさえも書いて伝えることができます。
- 掌の異なった部分に異なる文字を示すことができます。
- この他に、受信者は話している人の喉に手を当てて、話して

いる内容を振動で感じとることもできます。
- 盲聾者と会話をしたいと考えている聴者や晴眼者は、どのように会話したら良いのか、注意深く、慎重に考える必要があります。突然手を取ったり、事前に断りもせず、相手の体を動かしたりして、盲聾者を怖がらせたり、驚かせたりしないことが重要です。

紹介するときは、腕に軽く触れます。こうすると盲聾者は、自分と話したいと思っている新しい人がいることに気づきます。誰が盲聾者と話したいのか識別する助けになるようなものをそっと渡すと良いでしょう。たとえば、医者であれば聴診器を手渡して触らせるとわかってもらえます。

事 例 研 究
盲聾者と、触手話の使用方法を知らない医療従事者との会話

アレンは55歳で、アッシャー症候群Ⅰ型をもっていました。彼は聴力がほとんどなく、視野の中央から左にかけての視力はほとんどありませんでした。アレンは、デンマークに住んでいましたが、つまずいて足を痛めたので、地域の緊急部門へ行きました。

彼が、病院の緊急治療室に着いたとき、左足は非常に痛く、腫れて赤くなっていました。医療従事者は、彼が盲聾者であるとすぐにわかり、施設内の通訳者を呼びました。通訳者を待っている間に医者が到着し、アレンに自己紹介したいと思いました。

医者は、アレンの右腕にそっと触れました。アレンが彼の手を差し伸べたとき、医者は聴診器を差し出して握らせました。

アレンは、その人が医者であると理解し、2人は握手しました。アレンは、腫れ上がった足を指差し、痛むことを示しました。医者は、もう片方の足に触り、やさしく押しました。腫れた足を診察する必要があるが、腫れた足に触れる前に、これから何をするのかをあらかじめアレンに伝えたいと思っていることを医者は示しました。医者は怪我をしていない方の足に触って、続行しても良いかどうかアレンが示すのを待ちました。検査がどう行われるかを示すために、医者は怪我をしていない方の足を押し、いろいろな方向に曲げました。次に腫れ上がっている足に触り、待ってみました。彼女は、続行しても良いという指示をアレンが出すかどうか、彼の様子を見守りました。アレンがうなずいたので、医者は腫れた足をもち上げ、押し、前と同じように曲げました。非常に痛かったけれども、アレンは心の準備ができていて、医者が必要なことをやっているのだと確信することができました。医者は、エックス線写真を撮る必要を感じましたが、そのことをアレンにどうやって伝えれば良いのかわかりませんでした。しかし、ちょうどそのとき、通訳者が到着しました。

解説

　この事例では、医者は触手話の使い方を知りませんでしたが、そのことがアレンとの効率的な会話を妨げることにはなりませんでした。医者は思いやり深く、アレンと、彼の身体的空間を尊重していました。医者は、最初にこれで良いかどうかアレンに確認をしないで進入することなく、何をする必要があるかを時間をかけて示しました。

筆記によるコミュニケーション

　視力を失う前の極めて早期に聴覚障害を発症して、優先的な言語として手話を使用している場合にはあてはまらないかもしれませんが、多くの盲聾者は、書いたり、読んだりすることができます。書記言語があれば、これをさまざまな方法で使用してコミュニケーションをとることは可能です。筆記は、パソコン上に、紙に、盲聾者の手に書くなどのいろいろな方法があります。たいていの場合、文字の大きさ、形、色、および背景の色に配慮が必要です。

- 視覚の鋭敏さに障害をもつ人には、文字のサイズを大きくして、筆記体ではなくブロック体の文字を使用しましょう。
- 黄斑変性がある人には、ボールペンではなくフェルトペンを用いて太字にしたり、印字の場合は普通字ではなく肉太の文字を使用しましょう。
- 色覚障害がある人には、赤や青でなく、黒の文字を使用しましょう。

> 　コンピューター上では、アリアル（Arial）やベルダナ（Verdana）のフォントの方が、タイムズ・ニュー・ローマン（Times New Roman）や斜体（Italics）よりたいてい読みやすいです。14ポイントから始めて、必要な大きさまで拡大すると良いでしょう。紺青色の背景に黄色の文字で書くことも役立ちます。写真には文字による解説をつけるべきであることを心に留めておきましょう。

点字によるコミュニケーション

　点字は、手に点字を打ったり、テラタッチ（Telltouch）やバーサブレイル（Versabraille）のような、目が見える人がメッセージを打ち込

める器機を用いたりして使用することができます。盲聾者は、小さい点字のスクリーンを通して彼らの指でメッセージを受けとります。盲聾者が点字を打ち込み、目が見える人が読めるように書き文字に変換することもできます。

　盲聾者の中には、携帯点字読み機を使う人もいます。これは、メッセージを送受信するためのもので、携帯電話を改造したものを使って利用できます。パソコンのキーボードにつなぐこともでき、聴者や晴眼者がキーボードに打ち込むと、盲聾者のために点字に変換されます。

社会的触覚コミュニケーション

　最近、「社会的触覚コミュニケーションシステム」と呼ばれる、盲聾者の中で利用されているコミュニケーション形態が定義されました（Lahtinen 2008）。「社会的触覚」では、情報を発信したり、受信したりするために身体と感覚とが合わせて利用されます。これは、言語構造には頼らずに、触覚（盲聾者にとっては、嗅覚、味覚も含む）により多く頼るコミュニケーション形態です。たとえば、体で描くことや人同士の身体接触は、文の構造も単語ももたないコミュニケーション形態を提供していますが、感覚や感情の表現といった情報の交換はできます。誘導（目が見える人が視覚障害者をある方法で導くこと）の利用や身体的相互作用（たたいたり、つねったり、くすぐったりすることなどによる）は、社会的触覚コミュニケーションの伝統的な形態です。社会的触覚は、動きによる芸術の創造との関連でよく論じられます。

進行性能力損失への取り組み

　人が進行性の障害をもつ場合、症状が悪化するにつれて、それに

適応する新しい方法を頻繁に取り入れる必要があります。視力、聴力を通して外部の情報を取り入れる能力の衰退は、認知の変化を要求し、このことは感情の激変を伴うことがあります。第一に、以前の対応の仕方を続けていくことの難しさを実感し、続けていくことができないという喪失感を感じながらも、コミュニケーション方法に適応しなければいけないと感じます。たとえば、手話使用者がもはや視覚的手話だけではやっていけないということを受容するのは非常に難しいことです。視力は会話のほとんどを読みとれず、触手話を学び始めなければいけないほどに悪化しているかもしれません。第二に、継続的に学び直さなければならないことや、視力や聴力の悪化に適応することはかなりの疲労を伴います。疲労そのものが、視力、聴力に影響を与えることもあります。

盲聾者のための通訳者

- 盲聾の来談者の診察の前に、通訳者と医療従事者が打ち合わせの時間をもつことは役に立ちます。そうすることで、通訳者は医療従事者が話す予定でいる内容を把握しておくことができます。このことは、第2章でも述べたように、ろう・難聴の来談者に対しても同様です。
- 診察前の打ち合わせの目的は、通訳者が会話を通訳する方法の準備ができることと、診察の際に使用される医学的概念の意味を確認することができることです。
- もし、医療従事者が身体検査を実施するつもりであれば、それについても一般的な話し合いをしておくことが役に立ちます。来談者にどのように説明するかを、通訳者は前もって計画することができます。

> 盲聾の来談者のための通訳者は、ろう・難聴の来談者のための通訳者と若干異なり、話された言葉だけでなく、視覚的情報も訳する必要があり、また、盲聾者を道案内すること、たとえば盲聾者に腕を貸して診察室へ連れていくこともあります。

- 診察場面での音声言語を話す医療従事者と盲聾者との会話の通訳には、さまざまな方法があります。
  - 音声から視覚的、または触手話へ
  - 音声からより明瞭な音声へ
  - 音声から筆記へ
- 通訳者は、環境、人々、出来事、社会的相互作用、雰囲気などについて述べることで、視覚的な環境についての情報も提供します。
- 通訳者は、来談者の「道案内」をします。これは盲聾者が歩いたり、移動したりする際に身体的な支援を行うことで、盲聾者が歩くとき、つかまることができるように通訳者から腕を差し出すこともあります。

事例研究
同時に数名の盲聾者のために通訳すること

　眼科の医療機関のスタッフと盲聾者協会支部の代表者4人が、スウェーデンの病院で会議を行いました。

　この会議は、診察室の修復について話し合うために設けられました。盲聾者のための専門通訳者が8人派遣されました（1人の盲聾者に対して2人ずつ）。1人が通訳している間にもう1人は補助する立場になり、5分ごとに役割を交代していきました。

　リリーは、触手話を使用しました。イヴは、スウェーデン語

の文字と文法に従った指文字の触手話を使用しました。ケンは、自分に適した光と距離を要望し、それが考慮された環境で、視覚的手話を使用しました。グレンは、筆記による通訳を利用しました。

　ケンは、彼がもっている視力を最大限に活用するために、室内の光の調整を最も必要としました。また視野を有効に活用するためには、特定の距離に通訳者を配置する必要がありました。それで、ケンと彼の通訳者が最も適した配置を見出すまで、誰も席に着きませんでした。ケンに付き添っていた通訳者は「中心的通訳者」と呼ばれていました。白い壁のまぶしさを減らすために、これらの通訳者の背後の壁には濃い緑色の布がかけられました。

　リリーは、2人の通訳者を両脇に置いて座りました。彼女は左手でも右手でも触手話を読みとることができました。彼女は、言語を伝えるために特定の空間の位置で動く通訳者の手に触りながら手話を読みとりました。しかし、2人のうちの1人の通訳者は、右手でしか触手話をすばやく表現することができなかったので、彼らはときどき座席を交代しました。1人が通訳している間もう1人は補助の立場にいるようにしていました。

　イヴは、ケンに背をむけて座りました。つまり、「彼女」の通訳者は中心的通訳者とは視覚的に向かい合って位置することになり、そうすることで議論の内容を把握することができました（それゆえ、それを通訳することができました）。イヴは、指文字に基づいた触手話を使用しましたが、これはリリーが使用した手話とは違うものでした。

　グレンと筆記通訳者は並んで座りました。通訳者は、パソコンに打ち込み、彼が読めるように大きな文字が画面に表示されました。画面は、グレンにとって最適な距離と色になるように

調整されました。

　それぞれが話したいと思ったときには、そのことは他の盲聾者3人それぞれの通訳者によって通訳されました。リリーが何かを話したいとき、彼女は緑色の布の前に立ち、手話を用いました。グレンが話すときは、中心的通訳者により、手話に訳されました。

　眼科の医療機関スタッフは、部屋の四方に座っていました。彼らは盲聾者の代表者が話し合うための、待合室のプランについて二つの図面を提供しました。一つは触覚的な図で、リリーとイヴは指を使ってその図を読みました。もう一つは、視覚的な図画で、拡大して壁に掛けられ、ケンとグレンがそれを見ました。リリーとイヴが部屋を歩き回りたいときは、いつでも道案内を使いました。ケンが図画を見に行くとき、彼は道案内を使いましたが、グレンは自分で行く方を好みました。

　リリーとイヴおよび彼らの通訳者は、自由に触手話ができるよう、ひじかけのない椅子が必要でしたが、それに対応した特殊な椅子が用意されていました。

アイデンティティと感情の問題

　盲聾者の介護のために全人的なアプローチを行うのであれば、彼らの感情的側面を含んだ健康教育がとても重要です。盲聾者は絶えず、断片的な情報しか受けとっていないので、見えているものや聞こえているものを信頼しにくくなります。このことは、彼らは無防備で、危険にさらされていると感じている可能性があることを意味します（Moeller 2008）。また、彼らは存在への不安を経験することが知られています（Danermark and Moeller 2008）。

それゆえ、自分が周囲の環境を正確に把握しているかどうか、盲聾者が執拗に聞いてくることはよく見られることです。それが同様に、自己像、自尊心、自信にも影響してくることがあります。盲聾者は、自分が途方もなく無防備であると感じています。技術のある学際的な社会福祉士や保健医療従事者が、たいてい盲聾者の生活に対して大きな役割を担っているのです。

事例研究
盲聾者として育つこと

　ロゼは、スウェーデン出身の50歳でした。彼女はアッシャー症候群Ⅰ型をもち、完全な聴覚障害と重度の視覚障害をもっていました。彼女は視覚的手話を第一言語として使用して育ったので、多くのろうの友達がいました。彼女は、盲聾者のためのリハビリテーションセンターの社会福祉士に、彼女の子ども時代について次のように話しました。

　ロゼは、7歳のときに初めて学校に行き始めましたが、その時点では言語を全く習得していませんでした。彼女は、言語習得前に聴覚障害となり、手話も発声も教わっていなかったのです。彼女は自分が言語をもっていなかった時期を「白の時代」と呼びました。彼女の両親は、彼女に発話を教えることを促され、母親は一生懸命やってみましたが、ロゼは音を聞いたことがなかったので、それは難しいことでした。

　ロゼは、ろう・難聴者のための全寮制の学校に送られました。当初、何か起こっているかわからずおびえていましたが、次第に手話を覚えていきました。学校の子どもたちは、教室では手話をすることは禁止されていましたが、休憩時間や学校の外では、手話がこの子たちの言語でした。ロゼは次第にろう社会を

知るようになり、手話も覚えるようになりました。生涯で初めて自分の居場所がある、気軽に話し合える友達がいると、感じられるようになりました。

ロゼは、視力が比較的良かったときに、ろう社会での自信をもった一員として成長し、地域のろうクラブに定期的に通っていました。しかし、最近になって彼女の視力は落ちていき、視覚的手話を読みとることができなくなってしまいました。ロゼは、家にいるだけで、出かけることもなくなったと話しました。手話での会話についていけないので、ろう社会から遠ざかり、ろうクラブに出かけることもなくなりました。ロゼは、まだコンピューター（大きく明瞭な文字で表示されるもの）を使用することはでき、電子メールで友達とのやりとりは続けていました。

解説

社会的接触を避けて引きこもるということは、次第に視覚または聴覚を失っていく人に共通する方略です。ロゼに触手話または他のコミュニケーション手段を指導できる盲聾者のための支援者とかかわりをもたせることは、非常に有益であると考えられます。視覚的手話を見ることができなくなったので、彼女は自信も喪失してしまいました。うつ病の初期段階と考えられ、盲聾者のための支援者は、彼女がその状況に対処できるように支援することを心がけるべきです。

盲聾の若い人は、彼らが交流する人たちから配慮のなさを経験することがあると報告している研究があります。また、ときどき、彼らは中傷や侮辱を受けていると感じるときがあるとも報告されています（Moeller and Danermark 2007）。もし、彼らを取り巻く人々に盲聾者に対する支援と情報が与えられれば、彼らとの付き合い方をより

良いものにしていくことができることが知られています（Mar and Sall 1995）。

> ろう者にとっての視覚障害は、とりわけ精神的に苦痛なものであり、盲聾になることに対して心底嫌悪することがあります（Cioffi 1996）。

- 社会的引きこもりは、盲聾者にとってごくありふれた対処方法です。
- 早期に発症した盲聾者による引きこもりは、自閉症と間違われやすいでしょう。
- 拒否はもう一つの方略で、これは、明らかに支援が必要であるにもかかわらず、白杖をついたり、道案内者や盲導犬と一緒に歩いたりすることを拒絶することです。
- 乱交も盲聾者の中にときおり見られ、これは障害の悪化による悲しみや苦痛に対処することの困難の結果であると考えられています（Fillman, Leguire et al. 1989, Vernon and Andrews 1990）。
- 自傷癖と反復癖も、早期に発症した盲聾の影響に対処できないことへの失望と無力感を表現する方法です。
- 上記の行動は、盲聾者とのやりとりを理解している人と交流することで、当人がいる社会環境が改善されれば、対処することができます（Janssen, Riksen-wal raven et al. 2004）。

役立つホームページ

慈善団体と支援団体	
The International Federation of the Hard of Hearing（国際難聴連盟）	http://www.ifhoh.org
World Federation of the Deaf（世界ろう連盟）	http://www.wfdeaf.org/
Royal National Institute for Deaf People（英国王立ろう・難聴研究所）	http://rnid.org.uk/
British Deaf Association（英国ろう・難聴協会）	http://bda.org.uk/
National Deaf Children's Society（国立聴覚障害児団体）	http://www.ndcs.org.uk/
Hearing Concern Link（聴覚障害支援団体リンク）	http://www.hearingconcernlink.org
Hearing Dogs for Deaf People（聴導犬団体）	http://www.hearingdogs.org.uk
The Guide Dogs for the Blind Association（盲導犬協会）	http://www.guidedogs.org.uk
Neurofibromatosis Association（神経線維腫Ⅱ型協会）	http://www.nfauk.org
Nordic Centre for Welfare and Social Issues（福祉、社会問題に関する北欧センター）	http://www.nud.dk
The Information Centre for Acquired Deafblindness (in Denmark)（後天性盲聾情報センター）	http://www.dbcent.dk/vcfdbb/subpage19.aspx
Deafblind International（国際盲聾団体）	http://www.deafblindinternational.org/standard/conferences.html
Sense for deafblind people（盲聾者の認識に関する団体）	http://www.sense.org.uk
Helen Keller National Center for Deaf-Blind Youths and Adults（盲聾の青年、成人のためのヘレン・ケラーセンター）	http://www.hknc.org
The World Federation of the Deafblind（世界盲聾連盟）	http://www.wfdb.org
CHARGE syndrome（チャージ症候群団体）	http://chargesyndrome.org/about-charge.asp
Congenital rubella syndrome（先天性風疹症候群）	http://www.hknc.org/Rubella.htm

文書を簡素な英語またはイギリス手話に翻訳する機関	
TeamHado	http://www.teamhado.com
EyeGaze	http://www.eyegaze.tv/cm
AC2.com	http://www.ac2.com
Remark!	http://www.remark.uk.com/
聴覚障害についての認識を深める研修や、聴覚障害における平等性の研修を提供している機関	
Deafworks	http://www.deafworks.co.uk/
Sense-Ability	http://www.sense-ability.co.uk
RNID	http://www.rnid.org.uk
Deaf Aware	http://www.deafaware.com/
オンラインによる同時イギリス手話通訳を提供する会社	
Sign Translate	http:///www.signtranslate.com（定義済みの医学的質問のリストへイギリス手話への即時通訳によってアクセスができる）
Sign Video	http://www.signvideo.co.uk
その他	
Equality and Human Rights Commission	http://www.equalityhumanrights.com（障害者差別禁止法の適用について実践的な情報を提供）
Gene Clinics	http://www.geneclinics.org（聴覚障害、遺伝子と管理に関する概要）
University of Manchester webpages on genetic counseling in sign language	http://sites.mhs.manchester.ac.uk/what-is-genetic-counseling/

役立つホームページ

付属資料

神経線維腫症Ⅱ型の診断基準

- 神経線維腫症Ⅱ型の診断基準は、1987年米国国立衛生研究所による神経線維の合意発展会議において合意されたのち、1992年に、両側前庭神経鞘腫以外の複雑な頭蓋内腫瘍と脊髄腫瘍にかかった患者の神経線維腫症Ⅱ型の診断を促すために、Evansらにより記述された基準が追加されています。

表1　神経線維腫症Ⅱ型の診断基準

神経線維腫症Ⅱ型の診断は、以下の症状をもつ患者になされる。

- 両側前庭神経鞘腫

　　　　　　　または

- 神経線維腫症Ⅱ型の家族歴

　　　　　　　に加えて

- 単側前庭神経鞘腫

　　　あるいは以下の症状のうち二つ

- 髄膜腫、膠腫、神経線維腫、神経鞘腫、後囊ドレンズ状混濁

（NIH 1987）

神経線維腫症Ⅱ型の診断は、以下の症状をもつ患者になされる。

- 単側前庭神経鞘腫

　　　および以下の症状のうち二つ

- 髄膜腫、膠腫、神経線維腫、神経鞘腫、後囊下レンズ状混濁

　　　　　　　または

- 多様な髄膜腫（二つ以上）

（Evans, Huson et al. 1992b）

参考文献

Arnos, K. S., J. Israel, et al. (1991). Genetic counselling for the deaf: medical and cultural considerations. *Annals of the New York Academy of Sciences*, **630**, 212-22.

Arnos, K. S., J. Israel, et al. (1992). Genetic counselling for the deaf. *Otolaryngologic Clinics of North America*, **25**(5), 953-71.

Bance, M. and R. Ramsden (1999). Management of neurofibromatosis type 2. *Ear Nose and Throat Journal*, **78**, 91-4.

Barnett, S. (2002a). Communication with deaf and hard of hearing people: a guide for medical education. *Academic Medicine*, **77**(7), 694-700.

Barnett, S. (2002b). Cross-cultural communication with patients who use American Sign Language. *Family Medicine*, **34**, 376-82.

Barnett, S. (2002c). *Deafblind Culture*. Bristol: University of Bristol Centre for Deaf Studies.

Belk, R. (2006). Seeing chromosomes: improving access to culturally sensitive genetic counselling through the provision of genetic information in British Sign Language. In D. Stephens and L. Jones, eds. *The Effects of Genetic Hearing Impairment in the Family*. Chichester: Wiley, pp. 285-96.

Belk, R., D. Evans, et al. (2008). Evaluation of voice recognition software supporting communication with deafened people in the Neurofibromatosis type 2 (Nf2) clinic. British Society of Human Genetics Conference, York. *Journal of Medical Genetics*, **45**, S09.

Belk, R. and A. Middleton (2004). Seeing chromosomes—translating genetic information into British Sign Language. European Psychosocial Aspects of Genetics Conference, Munich. *European Journal of Human Genetics*, **12**, Suppl. 1.

Bell, A. (1883). Upon the formation of a deaf variety of the human race. *National Academy of Sciences Memoirs*, **2**, 177-262.

Biesold, H. (1999). *Crying Hands: Eugenics and Deaf People in Nazi Germany*. Washington DC: Gallaudet University Press.

British Deaf Association (2005). Factsheet on using a sign language interpreter. London, British Deaf Association in-house publication.

Campbell, R., M. MacSweeney, et al. (2008). Sign language and the brain: a review.

Journal of Deaf Studies and Deaf Education, **13**(1 Winter), 3-20.

Cioffi, J. (1996). Orientation and mobility and the Usher syndrome client. *Journal of Vocational Rehabilitation,* **6**(2), 175-83.

Cohen, M. and R. Gorlin (1995). Epidemiology, etiology and genetic patterns. In R. Gorlin, H. Toriello and M. Cohen, eds. *Hereditary Hearing Loss and Its Syndromes.* New York: Oxford University Press.

Danermark, B. and K. Möller (2008). Deafblindness, ontological security, and social recognition. *International Journal of Audiology,* **47**(Suppl 2), 119-23.

Davis, A. (1995). *Hearing in Adults.* London: Whurr.

Davis, A. C. (1989). The prevalence of hearing impairment and reported hearing disability among adults in Great Britain. *International Journal of Epidemiology,* **18**(4), 911-17.

Department of Health (2005). *Mental Health and Deafness: Towards Equity and Access. Best Practice Guidelines.* Available from http://www.dh.gov.uk/en/Publicationsandstatistics/Publications/PublicationsPolicyAndGuidance/DH_4103995 [Accessed 16 Feb 08].

Dolnick, E. (1993). Deafness as culture. *The Atlantic Monthly,* **272**(3), 37-53.

Dye, M. and J. Kyle (2001). *Deaf People in the Community: Health and Disability.* Bristol: Deaf Studies Trust, pp. 1-135.

Erting, C. (1994). *Deafness, Communication, Social Identity: Ethnography in a Pre-School for Deaf Children.* Burtonsville, MD: Linstock Press.

Estivill, X., P. Fortina, et al. (1998). Connexin-26 mutations in sporadic and inherited sensorineural deafness. *Lancet,* **351**, 394-8.

Evans, D., M. Baser, et al. (2005). Management of the client and family with neurofibromatosis 2: a consensus conference statement. *British Journal of Neurosurgery,* **19**(1), 5-12.

Evans, D., J. Birch, et al. (1999). Paediatric presentation of Type 2 Neurofibromatosis. *Archives of Disease in Childhood,* **81**, 496-9.

Evans, D., S. Huson, et al. (1992a). A genetic study of type 2 neurofibromatosis in the United Kingdom. 1. Prevalence, mutation rate, fitness and confirmation of maternal transmission effect on severity. *Journal of Medical Genetics,* **29**, 841-6.

Evans, D., S. Huson, et al. (1992b). A genetic study of type 2 neurofibromatosis in the United Kingdom. 2. Guidelines for genetic counselling. *Journal of Medical Genetics,* **29**, 847-52.

Fillman, R., L. Leguire, et al. (1989). Consideration for serving adolescents with

Usher's syndrome. *Review Rehabilitation and Education for Blindness and Visual Impairment*, **21**(1), 19-25.

Firth, H. V. and J. A. Hurst (2005). *Oxford Desk Reference: Clinical Genetics*. Oxford: Oxford University Press.

Fischer, S. D. and H. Van der Hulst (2003). Sign language structures. In M. Marschark and P. E. Spencer, eds. *Oxford Handbook of Deaf Studies, Language and Education*. Oxford: Oxford University Press, pp. 319-31.

Folkins, A., G. R. Sadler, et al. (2005). Improving the Deaf community's access to prostate and testicular cancer information: a survey study. *BioMed Central Public Health*, **5**(63).

Fortnum, H., G. Barton, et al. (2006). The impact for children of having a family history of hearing impairment in a UK-wide population study. In D. Stephens and L. Jones, eds. *The Effects of Genetic Hearing Impairment in the Family*. Chichester: Wiley, pp. 29-42.

Gibson, I. (2004). Summary: Teaching strategies used to develop short-term memory in deaf children. *Deafness and Education International*, **6**(3), 171-2.

Grundfast, K. M. and J. Rosen (1992). Ethical and cultural considerations in research on hereditary deafness. *Otolaryngologic Clinics of North America*, **25**(5), 973-8.

Harkins, J. E. and M. Bakke (2003). Technologies for communication: status and trends. In M. Marschark and P. E. Spencer, eds. *Oxford Handbook of Deaf Studies, Language and Education*. Oxford: Oxford University Press, pp. 406-19.

Harmer, L. M. (1999). Health care delivery and deaf people: practice, problems, and recommendations for change. *Journal of Deaf Studies and Deaf Education*, **4**(2), 73-110.

Hartong, D., E. Berson, et al. (2006). Retinitis pigmentosa. *The Lancet*, **368**(9549), 1795-809.

Henderson, D. and A. Hendershott (1991). ASL and the family system. *American Annals of the Deaf*, **136**(4), 325-9.

Hilgert, N., R. Smith, et al. (2008). Forty-six genes causing nonsyndromic hearing impairment: Which ones should be analyzed in DNA diagnostics. *Mutation Research* [Epub ahead of print].

Hoffmeister, R. (1985). Families with deaf parents: a functional perspective. In S. K. Thurman, ed. *Children of Handicapped Parents: Research and Clinical Perspectives*. Orlando, FL: Academic Press, pp. 111-30.

Iezzoni, L. I., B. L. O'Day, et al. (2004). Communicating about health care: observations from persons who are deaf or hard of hearing. *Annals of Internal Medicine*, **140**, 356-62.

Israel, J., Ed. (1995). *An Introduction to Deafness: A Manual for Genetic Counselors*. Washington DC: Genetic Services Center, Gallaudet University.

Israel, J. and K. Arnos (1995). Genetic evaluation and counseling strategies: the genetic services center experience. In J. Israel, ed. *An Introduction to Deafness: A Manual for Genetic Counselors*. Washington DC: Genetic Services Center, Gallaudet University, pp. 181-208.

Janssen, M., J. Riksen-Walraven, et al. (2004). Enhancing the interactive competence of deafblind children: do intervention effects endure? *Journal of Developmental and Physical Disabilities*, **16**(1), 73-95.

Kaplan, H., S. Bally, et al. (1987). *Speechreading: A Way to Improve Understanding*. Washington DC: Gallaudet University Press.

Kaplan, H., V. Gladstone, et al. (1993). *Audiometric Interpretation: A Manual of Basic Audiometry*. Boston: Allyn and Bacon.

Kelley, P. M., D. J. Harris, et al. (1998). Novel mutations in the connexin 26 gene (GJB2) that cause autosomal recessive (DFNB1) hearing loss. *American Journal of Human Genetics*, **62**, 792-9.

Kimberling, W. and C. Möller (1995). Clinical and molecular genetics of Usher syndrome. *Journal of the American Academy of Audiology*, **6**, 63-72.

Kleinig, D. and H. Mohay (1991). A comparison of the health knowledge of hearing-impaired and hearing high school students. *American Annals of the Deaf*, **135**(3), 246-51.

Ladd, P. (1988). The modern Deaf community. In S. Gregory and G. Hartley, eds. *Constructing Deafness*. London: Open University Press, pp. 35-9.

Ladd, P. (2003). *Understanding Deaf Culture: In Search of Deafhood*. Clevedon, UK: Multilingual Matters.

Lahtinen, R. (2008). *Haptices and Haptemes (A Case Study of Developmental Process in Social-Haptic Communication of Acquired Deafblind People)*. Frinton on Sea: A1 Management UK.

Lass, L., R. Franklin, et al. (1978). Health knowledge, attitudes and practices of the deaf population in Greater New Orleans—a pilot study. *American Annals of the Deaf*, **123**(8), 960-7.

Liljedahl, K. (1993). *Handikapp och omvärld—hundra års pedagogik för ett livslångt lärande, handicap and environment—a hundred years of pedagogical efforts aimed at lifelong learning*. Lund: Lund University.

Mar, H. and N. Sall (1995). Enhancing social opportunities and relationships of children who are deaf-blind. *Journal of Visual Impairment & Blindness*, **89**(3), 280-6.

Marschark, M. (2003). Cognitive functioning in deaf adults and children. In M. Marschark and P. E. Spencer, eds. *Oxford Handbook of Deaf Studies, Language and Education*. Oxford: Oxford University Press, pp. 464-77.

McEwen, E. and H. Anton-Culver (1988). The medical communication of deaf patients. *Journal of Family Practice*, **26**(3), 289-91.

McInnes, J. and J. Treffry (1982). *Deaf-Blind Infants and Children. A Developmental Guide*. Milton Keynes: The Open University Press.

Meador, H. E. and P. Zazove (2005). Health care interactions with Deaf culture. *Journal of the American Board of Family Practice*, 18(3), 218-22.

Middleton, A. (2006). Genetic counselling and the d/Deaf community. In D. Stephens and L. Jones, eds. *The Effects of Genetic Hearing Impairment in the Family*. London: Wiley, pp. 257-84.

Middleton, A., S. Emery, et al. (2008). *Deafness and Genetics: What Do Deaf People Want?* Public Consultation, Millennium Centre, Cardiff Bay.

Middleton, A., J. Hewison, et al. (1998). Attitudes of deaf adults toward genetic testing for hereditary deafness. *American Journal of Human Genetics*, **63**, 1175-80.

Middleton, A., F. Robson, et al. (2007). Providing a transcultural genetic counseling service in the UK. *Journal of Genetic Counseling*, **16**(5), 567-82.

Middleton, A., G. Turner, et al. (2009). Preferences for communication in clinic from deaf people: a cross-sectional study. *Journal of Evaluation in Clinical Practice* (in press).

Möller, C. (2007). Deafblindness. In A. Martini, D. Stephens and A. Read, eds. *Genes, Hearing and Deafness*. Oxford: Informa Healthcare, pp. 55-61.

Möller, K. (2008). *Impact on participation and service for persons with deafblindness*. Örebro: Örebro University.

Möller, K. and B. Danermark (2007). Social recognition, participation and the dynamics between the environment and personal factors of students with deafblindness. *American Annals of the Deaf*, **152**(1), 42-55.

Morton, C. and W. Nance (2006). Newborn hearing screening—a silent revolution. *New England Journal of Medicine*, **354**, 2151-64.

Morton, N. E. (1991). Genetic epidemiology of hearing impairment. *Annals of the New York Academy of Sciences*, **630**, 16-31.

Munoz-Baell, I. M. and M. T. Ruiz (2000). Empowering the deaf. Let the deaf be deaf. *Journal of Epidemiology and Community Health*, **54**, 40-4.

Myers, R. and A. Marcus (1993). Hearing. Mother, father deaf: issues of identity and mediation in culture and communication. *Deaf Studies III: Bridging Cultures in the 21st Century*. Washington DC: College for Continuing Education, Gallaudet University, pp. 171-84.

Nance, W., X. Liu, et al. (2000). Relation between choice of partner and high frequency of connexin 26 deafness. *Lancet*, **356**, 500-1.

Neary, W., D. Stephens, et al. (2006). Psychosocial aspects of Neurofibromatosis Type 2 reported by affected individuals. In D. Stephens and L. Jones, eds. *The Effects of Genetic Hearing Impairment in the Family*. Chichester: Wiley, pp. 207-36.

Newton, V. E. (1985). Aetiology of bilateral sensorineural hearing loss in young children. *Journal of Laryngology and Otology (Supplement)* **10**, 1-57.

NIH (1987, Jul 13-15). "Neurofibromatosis Consens Statement Online. 6(12),1-19. Available at: http://consensus.nih.gov/1987/1987Neurofibramatosis064html.htm. Retrieved 24 Feb 2009.

Nikolopoulos, T., Lioumi, et al. (2006). Evidence-based overview of ophthalmic disorders in deaf children: a literature update. *Otology & Neurotology*, **27**(2), S1-S24.

Padden, C. and T. Humphries (2005). *Inside Deaf Culture*. London: Harvard University Press.

Parving, A. (1983). Epidemiology of hearing loss and aetiological diagnosis of hearing impairment in childhood. *International Journal of Pediatric Otorhinolaryngology*, **5**, 151-65.

Parving, A. (1984). Aetiologic diagnosis in hearing-impaired children—clinical value and application of a modern programme. *International Journal of Pediatric Otorhinolaryngology*, **7**, 29-38.

Prosser, S. and A. Martini (2007). Understanding the phenotype: basic concepts in audiology. In A. Martini, D. Stephens and A. P. Read, eds. *Genes, Hearing and Deafness. From Molecular Biology to Clinical Practice*. London: Informa Healthcare, pp. 19-38.

Ralston, F. and J. Israel (1995). Language and communication. *An Introduction to Deafness: A Manual for Genetic Counselors*. Washington DC: Genetic Services Center, Gallaudet University.

Reardon, W. and M. Pembrey (1990). The genetics of deafness. *Archives of Disease in Childhood*, **65**, 1196-7.

Reeves, D. and B. Kokoruwe (2005). Communication and communication support in Primary care: a survey of deaf patients. *Audiological Medicine*, **3**, 95-107.

RNID (2004a). *The DDA—for Service Providers* (factsheet). London: Royal National Institute for Deaf People in-house publication.

RNID (2004b). *A Simple Cure*. London: Royal National Institute for Deaf People in-house publication.

RNID (2008). Statistics: deaf and hard of hearing adults in the UK. Retrieved 21 Feb 2008, from www.rnid.org.

Rogel, K. (2008). *Access to genetic services and education within the Deaf community*. MSc dissertation. New York: Sarah Lawrence College. p. 65.

Sadeghi, M. (2005). *Usher syndrome prevalence and phenotype-genotype correlations*. Göteborg: Göteborg University.

Schein, J. D. (1989). *At Home Amongst Strangers*. Washington DC: Gallaudet University Press.

Schiff-Myers, N. (1988). Hearing children of deaf parents. In D. Bishop and K. Mogford, eds. *Language Development in Exceptional Circumstances*. New York: Churchill pp. 47-61.

Schneider, J. (2006). *Becoming Deafblind: Negotiating a Place in a Hostile World*. Sydney: University of Sydney.

Schuchman, J. (2004). Deafness and eugenics in the Nazi era. In J. V. V. Cleve, ed. *Genetics, Disability and Deafness*. Washington DC: Gallaudet University Press.

Shaw, A. and M. Ahmed (2004). Translating genetic leaflets into languages other than English: lessons from an assessment of Urdu materials. *Journal of Genetic Counseling*, **13**(4), 321-42.

Smith, R. and Van Camp. (2008, 28/10/08). Deafness and hereditary hearing loss overview. Retrieved 19 Nov 2008, from http://www.ncbi.nlm.nih.gov.

Steinberg, A. G., S. Barnett, et al. (2006). Health care system accessibility: experiences and perceptions of deaf people. *Journal of General Internal Medicine*, 21, 260-6.

Steinberg, A. G., V. J. Sullivan, et al. (1998). Cultural and linguistic barriers to mental health service access: the Deaf consumer's perspective. *American Journal of Psychiatry*, **155**(7), 982-4.

Stephens, D. (2005). The impact of hearing impairment in children. In D. Stephens and L. Jones, eds. *The Impact of Genetic Hearing Impairment*. London: Whurr, pp. 73-105.

Stephens, D. (2007). Psychosocial aspects of genetic hearing impairment. In A. Martini, D. Stephens and A. P. Read, eds. *Genes, Hearing and Deafness: From Molecular Biology to Clinical Practice*. London: Informa Healthcare, pp.145-61.

Stephens, D. and B. Danermark (2005). The international classification of functioning, disability and health as a conceptual frameword for the impact of genetic hearing impairment. In D. Stephens and L. Jones, eds. *The Impact of Genetic Hearing Impairment*. London: Whurr, pp. 54-67.

Stephens, D. and L. Jones, eds. (2005). *The Impact of Genetic Hearing Impairment*. London: Whurr.

Stephens, D. and L. Jones, eds. (2006). *The Effects of Genetic Hearing Impairment in the Family*. Chichester: Wiley.

Stephens, D., P. Lewis, et al. (2003). The influence of a perceived family history of hearing difficulties in an epidemiological study of hearing problems. *Audiological Medicine*, 1, 228-31.

Toriello, H., W. Reardon, et al. (2004). *Hereditary Hearing Loss and Its Syndromes*. Oxford: Oxford University Press.

Ubido, J., J. Huntington, et al. (2002). Inequalities in access to healthcare faced by women who are deaf. *Health and Social Care in the Community*, 10(4), 247-53.

Vernon, M. and J. Andrews (1990). Psychodynamics surrounding the diagnosis of deafness. In M. Vernon and J. Andrews, eds. *Psychology of Deafness—Understanding Deaf and Hard of Hearing People*. New York: Longman, pp. 119-36.

WFD (2009). World Federation of the Deaf homepage. Retrieved 26 Feb 2009, from http://www.wfdeaf.org/.

Wolf-Schein, E. (1989). A review of the size, characteristics, and needs of the deaf-blind population of North America. *ACEHI Journal*, 15(3), 85-9.

Woll, B. and P. Ladd (2003). Deaf communities. In M. Marschark and P. E. Spencer, eds. *Oxford Handbook of Deaf Studies, Language and Education*. Oxford: Oxford University Press, pp. 151-63.

World Health Organization (2001). *International Classification of Functioning, Disability and Health (ICF)*. Geneva: World Health Organization.

World Health Organization (2006). Deafness and hearing impairment. Retrieved 16th Mar 2009, from http://www. who.int/en/.

索　引

あ

アイデンティティ
　　盲聾者の—— 170-173
　　ろう者の—— 30, 31, 102-105
足で床を踏むこと　125, 126
味をみる　153, 154
アッシャー症候群　46, 47
　　——の感情的な問題　171, 172
　　——の機能回復　47, 48
　　——のコミュニケーションの問題
　　　159-161, 163, 164
　　——の視覚障害　46, 47, 152, 153,
　　　158
　　——の頻度　34-35
アメリカ手話　67, 78, 123
アルストレム症候群　48, 158
アレクサンダー・グラハム・ベル　107
医学モデル　100, 101
イギリス手話　67, 68
　　——とろう文化　102
　　——の通訳者　→通訳者
　　——を翻訳する人　175（→手話）
　　レベル2（中級）の——　94
遺伝子カウンセリング/サービス
　　58-62, 175
　　——におけるろう・難聴者にやさし
　　　い支援　108-110
　　——の誤解　59-62, 108
　　——の言葉使い　115-117
　　——の視覚的コミュニケーション
　　　129-131
　　——の来談者情報資料　60, 61, 76,
　　　77

　　——の利用、受ける　58, 59, 103
　　——の歴史的背景　106-110
　　神経線維腫症II型の——　145,
　　　146
遺伝性聴覚障害　37
移動機能障害　143, 146, 147
医療記録　81, 82, 157, 158
医療サービス
　　——の知識　121, 122
　　——への不満　54-58
　　ろう・難聴者にやさしい——の計
　　　画　78-80, 109, 110
医療従事者　→診察
　　——が顔を見ること　86
　　——が通訳者と一緒に仕事をする
　　　こと　89-95
　　——と盲聾の来談者　153-157
　　——の聴覚障害への理解のなさ
　　　55-58, 82, 83
　　——の庇護者的な態度　62-66
　　——の服　159
　　——のろう・難聴者にやさしい支
　　　援の計画　78-80
医療文化　122-126
インターネットアクセス　79
受付係　53, 54, 80
うなずく　71, 72, 122, 123
英国王立ろう・難聴研究所　54, 55, 91,
　　96
英国ろう・難聴協会　91-94
黄斑変性　152, 156, 165
音声認識ソフトウェア　98, 145
音声−文字速記機　89, 96
オンライン通訳者　97, 175

か

顔（が見えること）　86, 87, 143
顔の表情　123, 124
隔絶　118, 119, 171, 172
感音性聴覚障害　36
環境、診療室　158-160
環境性（聴覚障害）　37
感情的な問題　→心理的な影響
　　　神経線維腫症Ⅱ型の―――　144, 147, 148
　　　盲聾者の―――　170-173
　　　ろう・難聴者の―――　134-136
顔面神経（の）損傷　43, 44
顔面衰弱　141, 142
管理部門の責任者　80
（ろう・難聴の親をもつ）聞こえる子ども
　　　―――の言葉の発達　70, 71
　　　通訳としての―――　88
拒否　173
口の動き、はっきりと　73-75
国の手話　67, 68
　　　―――のスタッフへの研修　109, 110（→手話）
　　　神経線維腫症Ⅱ型と―――　140, 144
　　　ろうのアイデンティティと―――　102-105
車椅子　143, 146, 147
健康に関する知識　120-122
言語
　　　医学用語の知識　121, 122
　　　言葉遣いへの配慮　112-117
言語習得後聴覚障害　36, 37
言語習得後盲聾　46
言語習得前聴覚障害　36, 37
言語習得前盲聾　46
言語（文化）モデル　102-106
言語療法　71

研修
　　　遺伝子専門家の―――　109, 110
　　　通訳者の―――　94, 95
　　　ろう・難聴に関する認識を深める　53, 54, 80, 109, 110, 175
　　　ろう・難聴に対する平等性の―――　87, 88, 175
後天性聴覚障害　28, 29, 36
　　　―――の受け止め方　34
　　　―――の原因　38, 39
　　　―――のコミュニケーション手段　66, 67
　　　―――の心理的な課題　131-134
　　　―――の用語　30
高齢者
　　　―――の聴覚障害者　38
　　　―――の盲聾者　45, 46, 50
口話通訳者　89, 95, 96
国際生活機能分類　27, 45
子ども　→ろう・難聴の子ども、聞こえる子ども
コネキシン26　38-40, 103
コネキシン30　38
コミュニケーション
　　　―――の一般的な課題　52-98
　　　―――の手段　66-77
　　　―――様式の違い　122-126
　　　医療現場における―――　87-98
　　　神経線維腫症Ⅱ型を持つ来談者との―――　140, 146, 147
　　　電話での―――　97, 98
　　　盲聾の来談者との―――　155-157, 160-166
　　　来談者の好みの―――　82
コミュニケーション支援
　　　―――のタイプ　89
　　　―――の提供　54-58, 87
　　　神経線維腫症Ⅱ型への―――　143-145
　　　筆記に基づく／文字の―――　96,

97, 143, 145, 165
コミュニケーション支援者　89, 94, 95
　　　（→通訳者）
混合性聴覚障害　36

さ

サイトスピード　79, 98
サイトメガロウイルス　38
触る　153-155, 163, 164
支援団体　174, 175
視覚障害　32
　　　───の影響　152-155
　　　アッシャー症候群と───　46-48,
　　　　152, 158　（→盲聾）
　　　アルストレム症候群と───　48,
　　　　158
視覚的合図
　　　待合室の───　80
　　　盲聾の来談者への───　157
視覚的な補助　128, 129, 131
視覚的表示板　80
視覚の障害、神経線維腫症Ⅱ型　141,
　　　142, 146, 147
シグネチャー　94, 95
事故・緊急部門　56-58, 163, 164
自傷癖　173
慈善団体　174
社会的触覚コミュニケーション　154,
　　　166
社会的引きこもり　118, 119, 171-173
手指英語　69, 70
手指音声言語　66, 68, 69
出生前遺伝子診断　59, 60, 108, 141
手話　66-68
　　　───による情報提供　76, 77, 137,
　　　　138
　　　───の通訳者　→通訳者
　　　───の方言／地域による違い　68
　　　遺伝子に関する用語の───
　　　　115-117
　　　触覚の───　→触手話、国の手話
　　　盲聾の来談者との───　155, 156,
　　　　161, 162
手話社会　102
手話使用者
　　　───とのコミュニケーション手段
　　　　122-126
　　　───とろう・難聴に関する認識を
　　　　深めること　83, 84
　　　───のコミュニケーションの難し
　　　　さ　53, 54, 56-58
　　　コミュニケーションの好みによる
　　　　───　82
　　　診察後の情報についての───
　　　　137-138
　　　読み書き能力に起因する───
　　　　75-78
障害　28, 32, 100, 101
（英国における）障害者差別禁止法　77,
　　　87
症候性聴覚障害　37, 38
情報提供　76, 77, 137, 138
　　　書記言語によるコミュニケーションを通
　　　　して　75-78, 141, 142, 165　（→筆
　　　　記に基づくコミュニケーション
　　　　（text-based communication））
触手話　155, 156, 162-164, 168-170
神経線維腫症Ⅱ型（neurofibromatosis 2:
　　　NF2）　31, 32, 139-149
　　　───のある人に関する専門用語
　　　　31
　　　───のウィシャートのタイプ　41
　　　───のガードナーのタイプ　41
　　　───のコミュニケーション手段
　　　　140, 146-147
　　　───の支援者　143, 144
　　　───の支援と情報　142, 144, 145,
　　　　148, 149
　　　───の症状を呈するということ

　　　　40, 41
　　　——の事例研究　42, 43, 145-149
　　　——の診察　142-145
　　　——の診断　41-43, 176
　　　——の心理的な影響　141
　　　——の対処と治療　43, 44
　　　——の有病率　34, 35
神経線維腫症協会　142
進行性聴覚障害　37
人工内耳
　　　——とアッシャー症候群　47, 48
　　　——と神経線維腫症Ⅱ型　140
　　　——に対する態度　55-58
　　　——の医学モデル　101
診察　→医療従事者
　　　——において通訳と一緒に仕事をすること　89-95
　　　——においてろう・難聴に関する認識を深めること　82-87
　　　——における医療文化とろう文化の違い　122-126
　　　——における感情的な問題　134-136
　　　——における言葉の使用　112-117
　　　——におけるコミュニケーション　78, 82
　　　——における視覚的な補助　128-131
　　　——における実務的な事柄　110-122
　　　——における神経線維腫症Ⅱ型を持つ来談者　142-145
　　　——における聴覚障害に対する不適切な関心　126-128
　　　——における到着と待合　80-82
　　　——における反復と復唱　129-131
　　　——における盲聾の来談者　159-166
　　　——の時間調整　110-112
診察後の課題　137, 138, 144
診察の時間調整　110-112

診察前の話し合い、通訳者　89, 90, 116, 118, 125, 161
新生児、聴覚障害の診断　105, 106, 113, 114
心理的な影響
　　　神経線維腫症Ⅱ型の———　141（→感情的な問題（emotional issues））
　　　聴力損失の———　131-133
スカイプ　79, 98
ステノグラフ　96
スピードテキスト　96
前庭機能障害　47
前庭神経鞘腫　40, 41, 43, 44, 146
先天性聴覚障害　36, 38, 39
先天性風疹症候群　49, 152
専門用語　27-29
早発性聴覚障害　37

た

第8脳神経腫瘍　→前庭機能障害
代理店、手話通訳　91-92
力関係　63
遅発性聴覚障害　37, 38
チャージ症候群　49, 154, 155
聴覚障害（deafness）
　　　——の原因　38-39
　　　——の異なった受け止め方　34
　　　——の障害の程度　26, 27
　　　——の診断、新生児　105, 106, 113, 114
　　　——の専門用語　27-29
　　　——の分類　35-38
　　　——の有病率　34, 35
　　　——への不適切な関心　126-128
　　　——をもつ人々　27-29
聴覚障害（hearing loss）
　　　——のある人々　27-29
　　　——の異なった受け止め方　34

────の障害の程度　26, 27
────の心理的な影響　131-133
────の分類　35-38
聴覚障害（病理的）　27, 30
聴覚障害者　28
聴覚障害者、盲聾者のために働く専門家の国立コミュニケーション登録所　95, 129, 131
聴覚障害、神経線維腫症Ⅱ型、盲聾の有病率　34, 35
聴覚障害の原因　38, 39
聴覚障害／ろう・難聴　29-31
聴性脳幹インプラント　44, 140
聴導犬　78
通訳者　57, 58, 81-85, 96-97
　　　────との事前の診察に関する話し合い　89, 90, 116, 118, 125, 161
　　　────と神経線維腫症Ⅱ型の来談者　144
　　　────と診察の所要時間　110
　　　────を適切に使うこと　87, 88
　　　────と一緒に　89-95
　　　────と盲聾の来談者　167-170
　　　────の遺伝子に関する専門用語の知識　115-117
　　　────のタイプ　89, 90
　　　────の養成と資格　93-95
　　　オンラインの────　97, 175
DVD、手話　76, 77
手紙、文書、診察後　137, 144
テキストのメッセージ（文字通信）　79, 98
テキストリレー　97, 98
テレビ電話　79, 98
手を振って　126
伝音性聴覚障害　36
点字　155, 156, 165, 166
電子ノートテイク機　96
電子メール　79, 80, 98
電話　97, 98

読唇　72-74, 86, 87, 140
読話　72, 73

な────

ナチス　107
難聴　27, 28
　　　────と聴覚障害（の）受け止め方　34
　　　────の一般的なコミュニケーションの課題　51-98
　　　────の診察相談　82, 110-112
　　　────の心理的な（問題）　131-134
　　　用語の────　29, 30
　　　ろう・────に関する認識を深めること　84, 85
臭いを嗅ぐ　153, 154
妊娠の中絶　59-61, 141

は────

パソコン、コンピューター　96, 98, 143, 144, 165
発声／音声言語　66, 67
　　　────の困難　70-72
　　　────のろう・難聴に関する認識を深めること　84, 85
　　　医療診察での────　82, 110-112
　　　神経線維腫症Ⅱ型と────　140, 141
　　　筆記に訳す　96
　　　盲聾の来談者と────　155, 156, 160, 161
パランタイプ　96
反復　129, 130
反復癖　173
光　157-160, 169
庇護者的な態度、軽率に　62-65
非症候性聴覚障害　37
非進行性聴覚障害　37

索　引

筆記に基づくコミュニケーション　96，
　　　97，143-145，165
風疹　49
服　159，161
復唱　129-130
文化的モデル　102-106
文書による情報　75-77，175
平衡障害　49，140，141
方向付け　166，168
宝石類　157，159，160
補聴器　52-54，73-75

ま

マイクロソフトネットワーク（MSN）・
　　　メッセンジャー　79，98
待合室　80-82
ミニコム　79，97，98
身振り言語　122-126
耳硬化症　63-65
耳鳴り　137
目を合わせること　73，81，82，92，93，
　　　126
網膜色素変性症　46-48，158，159
盲聾　44-50，151-173
　　　――人（者）に関する専門用語
　　　32，33
　　　――とアイデンティティと感情の
　　　問題　170-173
　　　――と医療機関への提言　157-160
　　　――とコミュニケーションの方法
　　　160-166
　　　――とコミュニケーションの課題
　　　154-157
　　　――と視覚損失の影響　152-155
　　　――と社会的接触コミュニケー
　　　ション　154，155，166
　　　――の事例研究　154-157，159，
　　　160，163，164，168-172
　　　――と進行性視力損失　166，167

　　　――と身体的な環境　158-160
　　　――と通訳者　167-170
　　　――の原因　46-50
　　　――の定義　44，45
　　　――の不均一性　45，46
　　　――の有病率　34，35
盲聾者の指文字　94，95

や

役立つホームページ　174，175
優生学　106-108
誘導ループ　80，87
読み書き能力　75-78，142

ら

ライトライター　142，144
乱交　173
歴史的背景　106-108
ろう　29-31
ろうコミュニティ・文化・世界　30，
　　　102-106
　　　医療文化とろう文化の違い　122-126
ろう者　→手話使用者
　　　――と一般的なコミュニケーショ
　　　ンの課題　51-98
　　　――と専門家のコミュニケーショ
　　　ンの課題　99-138
　　　――と補聴器　51-54
　　　――の人工内耳に対する態度　55，
　　　56，58
　　　――の聴覚障害の受け止め方　34
　　　――の文化的アイデンティティ
　　　30，31，102-105
ろう者のためのコミュニケーション振興
　　　評議会　94，95
ろう・難聴者　28
　　　――と一般的なコミュニケーショ
　　　ンの課題　51-98

———と専門家のコミュニケーショ
　　　ンの課題　99
　　　———に対する平等性を備えるため
　　　の研修　87, 175
　　　———にやさしい支援の計画　78-80,
　　　109, 110
ろう・難聴者によるリレー通訳者　89
ろう・難聴に関する認識を深めること
　　82-87
　　音声言語を使用する難聴者　84, 85
　　欠如、医療専門家　55-58, 82, 83
　　研修　53, 54, 80, 109, 110, 175
　　手話を使用するろう・難聴者　83,
　　84
ろう・難聴の家族歴
　　　———を調べること　117-119
　　　———を尋ねること　119, 120
ろう・難聴の子ども
　　　———と聴者の両親　75, 117-119,
　　　133, 134
　　　———とろう・難聴の両親　75,
　　　103-105, 133
　　　———の新たな診断　105, 106, 113,
　　　114
　　　———の心理的な課題　133
老年　→高齢者

わ———————————————————

ワーデンブルグ症候群　30, 31

訳者あとがき

　本書は、2009 年にケンブリッジ大学出版局より発行された、アンナ・ミドルトン編による *Working with Deaf People: A Handbook for Healthcare Professionals* を訳したものである。ミドルトン氏は英国出身の遺伝子カウンセリングの専門家であり、リーズ大学の博士課程在籍中に、出生前遺伝子診断に対するろう・難聴者の態度についての研究を行い、博士論文を執筆している。その後、遺伝子と聴覚障害の心理社会学的な側面についての研究活動にかかわるようになり、その成果が認められ、研究活動に関わった他のメンバーたちと一緒に本著が出版されることになった。

　読者としては、聴覚障害者（ろう・難聴者）を診ている医療従事者をはじめ医療や聴覚障害関連の専門家たち、医療従事者や聴覚障害関連の専門家を目指して現在勉強中の学生、そして聴覚障害当事者とその家族などが想定されている。聴覚障害と医療に関して心理社会学的な観点から具体的に書かれた本は少ない。本書は医療現場における聴覚障害者への対応やコミュニケーションについて必要とされる情報を含んでおり、日本の医療現場で大いに参考になると思われる。

　全体は 5 章と「付属資料」とで構成されている。第 1 章では、聴覚障害、神経線維腫症 II 型、盲聾それぞれにおける概要や専門用語などについて詳細に述べており、それぞれの違いについて概観することができる。医療や聴覚障害関連の専門家はもとより、聴覚障害に関する知識を有していない読者にも読みやすい構成になっている。第 2 章では、医療現場におけるろう・難聴に関連した一般的なコミュニケーションの課題について、医療現場での事例を交えて述べ

ている。一般に、ろう・難聴者は、医療サービス（遺伝子サービスを含む）に抵抗感を持つ傾向にあると言われるが、その背景について、ろう・難聴者を診察する医療従事者の事例を紹介しながらわかりやすくまとめている。次に、ろう・難聴者の様々なコミュニケーション手段についてその課題や提案を具体的に紹介している。医療従事者が現場でろう・難聴者と効果的なコミュニケーションをいかにとればよいかの参考になるであろう。第3章では、医学モデルと文化モデルそれぞれの視点におけるろう・難聴者の有り様について、具体的な例を挙げながらわかりやすく、かつ詳細に述べている。次に、ろう・難聴と優生学のかかわりについての歴史的な背景や、遺伝子サービスを含む医療サービスへのこれらの影響について述べる。また、医療現場においてろう・難聴の来談者とかかわる際の、言葉遣いや健康に関する情報の提供、不適切な関心、心理面などにおける配慮についても詳細に述べる。第4章では、神経線維腫症Ⅱ型のある人の医療現場における課題について事例を挙げながら、わかりやすく解説している。次に、心理学的な側面における課題や解決策についても述べている。第5章では、盲聾者の特徴やコミュニケーション手段について具体的に記述している。次に、医療現場における盲聾者への対応について、コミュニケーションなどの事例を取り上げながら細かく述べ、最後に、盲聾者の心理学的な課題についてまとめている。医療や聴覚障害関連の専門家はもとより、今までに盲聾者と出会ったことがない人や知識を有しない読者にとっても大いに参考になると思われる。

　原著のタイトルのdeafは、本文でも説明しているとおり「単独の聴覚障害」「神経線維腫症Ⅱ型の一部としての聴覚障害」「盲聾」の3つの総称である。単独の聴覚障害については、全体にわたって「聴覚障害／ろう・難聴（deaf）」もしくは「ろう・難聴（deaf and hard of hearing）」という用語を使用し、自分自身をろう（Deaf）、難聴

(hard of hearing)、後天性聴覚障害（deafened）と言う人、すべてを包括的に含んでいる。本文では、聴覚障害／ろう・難聴を適宜使い分けた。

　ここで、本書の出版までの経緯を記しておきたい。小林が米国カリフォルニア州立大学ノースリッジ校教育学部デフ・スタディーズ学科に勤めていたときに、聴覚障害と遺伝子カウンセリングとの関係について心理社会学的な観点から調べる「Deaf Genetics Project」の研究活動にかかわっていた。カリフォルニア大学ロサンゼルス校との共同研究によるプロジェクトで、会議や学会などでカリフォルニア州の各地をはじめ米国の各州を廻る機会があった。その中で、英国から出張で米国に来ていた原著者のミドルトン氏と出会い、後に彼女から本書の原本を出版したという連絡を受けた。早速購入して目を通すうちに、ぜひ日本でも多くの人に知ってもらいたいと考えるようになり、学内の松藤みどり教授に相談したところ、共訳にご協力いただけることになった。松藤教授を通して明石書店に相談したところ、刊行について積極的な賛同を得ることができた。

　原本にはなにぶんにも普段あまり目にしないような医療専門用語が含まれているため、若干の誤りや疑問点も見出される。訳出には遺漏のないように気を配ったつもりであるが、思わぬ誤りがあるかもしれない。お気づきの方のご教示をお願いしたい。

　本書の出版にあたっては、出版経費の一部を平成 28 年度国立大学法人筑波技術大学学長のリーダーシップによる教育研究等高度化推進事業から助成を受けた。また、明石書店の大江道雅氏および岡留洋文氏には大変お世話になった。特に岡留氏には綿密・細心な編集作業をしていただき、ようやく出版にこぎつけることができた。ここに謝意を表したい。

　　　2017 年 1 月　　　　　　　　　　訳者代表　小林　洋子

〈訳者略歴〉

小林 洋子（こばやし　ようこ）

　筑波大学大学院人間総合科学研究科修了（ヒューマン・ケア科学博士）。一般企業での研究員、米国カリフォルニア州立大学ノースリッジ校教育学部デフ・スタディーズ学科非常勤講師を経て、現在、国立大学法人筑波技術大学障害者高等教育研究支援センター助教。専門は、ろう者学（デフ・スタディーズ）、障害者福祉。

[主な論文]
「Using a social marketing framework to evaluate recruitment of a prospective study of genetic counseling and testing for the deaf community（邦題：デフコミュニティにおけるソーシャル・マーケティング概念に基づいた遺伝子検査調査研究への参加リクルートメント評価）」（共著、BMC Medical Research Methodology、2013年）
「Deaf Genetic Testing and Psychological Well-Being in Deaf Adults（邦題：聴覚障害成人における遺伝子検査と精神的健康の関連検証）」（共著、Journal of Genetic Counseling、2013年）
「Deaf Adults' Reasons for Genetic Testing Depends on Cultural Affiliation（邦題：文化の特質的な違いにおける聴覚障害者の遺伝子カウンセリングを受ける理由検証）」（共著、Journal of Deaf Studies and Deaf Education、2010年）

松藤 みどり（まつふじ　みどり）

　筑波大学修士課程教育研究科修了（修士リハビリテーション）。筑波大学附属聾学校教諭、筑波技術短期大学助教授を経て、現在、国立大学法人筑波技術大学障害者高等教育研究支援センター教授。専門は、英語教育。

[主な著書・訳書]
『聴覚障害児・者支援の基本と実践』（奥野英子編、中央法規出版、2008年）
ペール・エリクソン著『聾の人びとの歴史』（共訳、明石書店、2003年）、
ドナルド・F・ムーアズ、デヴィッド・S・マーティン編『聴覚障害児の学力を伸ばす教育』（監訳、明石書店、2010年）
ダグラス・C・ベイントン他著『アメリカのろう者の歴史』（監訳、明石書店、2014年）

聴覚障害者、ろう・難聴者と関わる
医療従事者のための手引

2017年1月31日　初版第1刷発行

　編　者　　　アンナ・ミドルトン
　訳　者　　　小　林　洋　子
　　　　　　　松　藤　み　ど　り
　発行者　　　石　井　昭　男
　発行所　　　株式会社明石書店
　　　〒101-0021 東京都千代田区外神田6-9-5
　　　　　　電　話　03（5818）1171
　　　　　　ＦＡＸ　03（5818）1174
　　　　　　振　替　00100-7-24505
　　　　　　http://www.akashi.co.jp
　　　　組版／装丁　　明石書店デザイン室
　　　　印刷／製本　　モリモト印刷株式会社

Printed in Japan

ISBN978-4-7503-4465-2
（定価はカバーに表示してあります）

オックスフォード・ハンドブック
デフ・スタディーズ
ろう者の研究・言語・教育

A5判／上製
896頁
◎15,000円

【編】
マーク・マーシャーク
Marc Marschark

パトリシア・エリザベス・スペンサー
Patricia Elizabeth Spencer

【監訳】
四日市 章、鄭 仁豪、澤 隆史

ろう教育の論点、ろうの子どもたちのリテラシー、手話言語の起源から発達、聴覚スクリーニングとアセスメントの方法、ろう者の認知研究まで、歴史的概念に対する認識の深い、教育学、心理学、言語学、遺伝学、行動科学各分野の専門家が多様な視点から学際的に論じる。初学者はもとより、実践の理論的背景を学ぼうとする教育者、専門性を深めようとする研究者にも有用な、本邦初の「デフ・スタディーズ」ハンドブック。

本書の特長

1. 編者・執筆者は、当事者であるろう者、難聴者を含め、さまざまな国・地域・文化・背景と専門性を有する総勢65名があたっている。

2. 子どもの発達と脳・認知の関連、教育的介入・科学技術の進歩といった科学的な観点と、ろう社会や手話言語の特性にみられる社会・文化的な観点とを総合的に取り入れた、デフスタディーズのグローバルな概念を的確に示している。

3. 歴史、教育、文化から音声言語、手話言語、読み書き、情緒・社会性の発達、認知・記憶、聴覚生理、聴覚活用、手話通訳まで幅広いトピックを取り上げている。

4. 当事者中心の立場から、ろう・難聴の人々の言語、ろうの人々の生活に関連する貴重で価値のある研究と実践を提示している。

〈価格は本体価格です〉

聴覚障害児の学力を伸ばす教育

ドナルド・F・ムーアズ、デヴィッド・S・マーティン [編著]
松藤みどり、長南浩人、中山哲志 [監訳]

A5判／並製／376頁　◎3,800円

特別支援学校やインクルージョン教育など教育措置が多様化する中、現場教師は聴覚障害教育をいかに進めていくべきか。効果的な教科指導からカリキュラム構築、成績評価、進学・就労支援まで、児童・生徒の各々の特性に基づいた手法と心得を具体的に提言する。

【内容構成】

日本語版刊行に寄せて

I　背景
1. 概観——一般教育および聴覚障害教育におけるカリキュラムと指導
2. カリキュラムの選択——哲学的な立場

II　内容
3. 数学教育と聴覚障害の学習者
4. プリントリテラシー——読み書き技能の獲得
5. 科学教育
6. 社会科のカリキュラム
7. 体育の役割の再考
8. 巡回サービスの提供
9. ろう文化についての指導
10. 重複障害の生徒たち
11. 学校から就労への移行

III　カリキュラム全体にわたる指導配慮
12. 個別アセスメントと教育計画——適切な状況のもとでみた聴覚障害の生徒
13. 学業成績向上のために——学習方法と機会、その成果
14. 認知方略の指導——全体に行きわたる原理
15. 指導場面で実際的なコミュニケーション——教室内でのASLと英語に基づく手話
16. 古い問題に取り組む新しい方略——聴覚障害教育向上へのウェブに基づく技術・資源・アプリケーション

IV　最後のコメント
まとめ

〈価格は本体価格です〉

人生の途上で聴力を失うということ
心のマネジメントから補聴器、人工内耳、最新医療まで
キャサリン・ブートン著　ニキリンコ訳
●2600円

聴覚障害者へのソーシャルワーク
専門性の構築をめざして
原順子
●2800円

新版「ろう文化」案内
キャロル・パッデン、トム・ハンフリーズ著　森壮也、森亜美訳
●2400円

「ろう文化」の内側から
キャロル・パッデン、トム・ハンフリーズ著　森壮也、森亜美訳
アメリカろう者の社会史
●3000円

盲ろう者として生きて
指点字によるコミュニケーションの復活と再生
福島智
●2800円

聾の人びとの歴史
ペール・エリクソン著　中野善達、松藤みどり訳
●3300円

アメリカのろう者の歴史
ダグラス・C・ベイントン、ジャック・R・ギャノン、ジーン・リンドキスト・バーギ著　松藤みどり監訳　西川美樹訳
写真でみるろうコミュニティの200年
●9200円

ダウン症の歴史
デイヴィッド・ライト著　大谷誠訳　日本ダウン症協会協力
●3800円

障害児教育の歴史
［オンデマンド版］
中村満紀男、荒川智編著
●3000円

障害児者の教育と余暇・スポーツ
ドイツの実践に学ぶインクルージョンと地域形成
安井友康、千賀愛、山本理人
●2700円

発達障害白書 2017年版（CD-ROM付き）
日本発達障害連盟編
●2000円

障害理解のための医学・生理学
医療・保健・福祉・心理専門職のためのアセスメント技術を高めるハンドブック［第2版］ケースレポートの方法からケース検討会議の技術まで
近藤直司
シリーズ 障害科学の展開4
●3000円

障害理解のための心理学
宮本信也、竹田一則 編著
シリーズ 障害科学の展開5
●6000円

聾・聴覚障害百科事典
長崎勤、前川久男編著
●4200円

盲・視覚障害百科事典
キャロル・ターキントン、アレン・E・サスマン著　中野善達監訳
●7500円

ジル・サルデーニャ、スーザン・シェリー、アラン・リチャード・ルッツェン、スコット・M・ステイドル編著　中田英雄訳
●9000円

〈価格は本体価格です〉